JN057061

桂二葉　かつらにょう
本名　西井史（にしいふみ）

1986年　大阪市東住吉区生まれ
2008年　京都橘大学文学部文化財学科（現・文学部歴史遺産学科）卒業
2011年　桂米二に入門。同年9月6日梅田・太融寺にて「道具屋」で初舞台
2021年　令和3年度NHK新人落語大賞 優勝
2022年　第17回繁昌亭大賞受賞
令和4年度咲くやこの花賞（大衆芸能部門）受賞
関西元気文化圏賞・ニューパワー賞受賞

めっちゃ濃いで！

桂 二葉

Let's get started

84　こうしてみんなの、期待に満ち満ちる顔の前で　井戸川射子

86　落語 桂二葉 × コント＆漫才 天才ピアニスト　あらためて話す芸のこと、日常のこと…

90　二葉×らくだ　「らくだ」ネタおろしまでの200日

94　ちょっといっぷく　おいしいコーヒーと修さんとおしゃべり　～六曜社奥野修さんと

98　天狗にお礼をいいに、京都鞍馬山へ　～落語「天狗さし」の舞台へ

102　京都→大阪　〝おひさしぶり〟の二人を訪ねて

108　関西で落語を盛り上げる方々　三栄企画 代表長澤利文さん、吉田食堂 吉田達さん、さかいひろこworks さかいひろこさん

112　京都大学・落語研究会の部室訪問

114　二葉落語を音楽にしてみたら　～「天狗さし」を譜面におこしてみた

117　戸川純さんに会って人生相談してきた。

33・75・111・116　interview　二葉さんに“しょーもない”質問

CONTENTS

08 long interview #01 2011.3.9→20XX 入門から現在まで。そしてこれからのこと

20 笑福亭鶴瓶さん、今の二葉さんを見てどう思われますか？ ～笑福亭鶴瓶さんインタビュー

22 師匠とお兄さんと二豆さん ～桂米二一門～

26 小佐田先生と一対一で落語のはなし ～落語作家小佐田定雄さんと

34 演芸写真家 橘蓮二さんが見つめた桂二葉

44 土井善晴先生に聞きたかったこと 伝えたかったこと

52 上方落語の定席 天満天神繁昌亭へ

56 long interview #02 1986.8.2→2010.9 生まれてから入門まで

66 持ちネタちょっとだけ紹介

74 やきそばパン先生withRの波瀾万丈。 ～高校時代の恩師と振り返るあの頃のこと

76 春風亭一花さんと 江戸と上方 落語のはなし、落語界のはなし

入門から現在まで。そしてこれからのこと。

long interview #01

四苦八苦した修業時代のこと、入門7年目で迎えた新たな覚醒、女性初の快挙を成し遂げた「ＮＨＫ新人落語大賞」受賞の裏側、激動の年となった２０２２年の心境、そして未来の落語について。思いを巡らせながらまっすぐに、二葉さん自身が語る。

2011.3.9 → 20××

弟子入り志願

入門前はいろんな噺家観て、どこ行こかな?って考えて。ほんまに感覚やけど、師匠（桂米二）は面倒見てくれはりそうやなという感じがしたのと、あとは落語が上手いなと思ったのと。私めっちゃ上から目線やん。でも迷いました。それこそ鶴瓶師匠（笑福亭鶴瓶）も考えたし。結構、笑福亭好きなところあるんで。亡くならはった鶴志師匠（笑福亭鶴志）も好きやったし、福笑師匠（笑福亭福笑）も好きやし。で、やっぱ女性の噺家は全員観て。ちゃうなって思いましたね、ほんまのこと言うて。今はそんなことないけど、当時は思ったんですよね。これはちゃうぞ、と。なんか漠然とこぅ理屈があって、自分の中で。とにかく自然なことが大事やとか、男物の着物（女性の落語家が伝統的に着ている場合がある）はなんか無理して見えるなとか。あと、自分の言葉でしゃべるべきやというのはずっと思ってましたね。うちの師匠って、本当に無理がなくて。しかもこう、欲もあまりないというか。でしゃばらへん。気持ちいいぐらい自然なんですよ。で、クセないし。こらええわ!って思いました。笑福亭は〝捨て育ち〟っていって、放ったらかしでがんばれよ!っていうような感じで。それはもう絶対私にはあかんなと思ったんで。私はやっぱり一からちゃんと教えてもらわなあかんと思ったから、理屈っぽい人の方が絶対にいいなと。師匠はちゃんと言葉で教えてくれるんじゃないかなぁと。あと、こうであらなければいけない!みたいなことはあんまり言わはりそうじゃないなとも思ったかなぁ。

弟子入り志願は「上方落語勉強会」で出待ち。楽屋の前で待ってて。そこで、「弟子にしていただけませんか」って言いました。めっちゃちっちゃい声で（笑）。死ぬほどちっちゃい声で言いました。師匠は「え!?（何て?）」っていう感じで。緊張しました。めっちゃ緊張しましたね、やっぱりね。ほんならまぁ、「女の子は取らへんねん」って言われてね。ほんでずーっとその時、私の髪の毛（ブロッコリーヘア）を見てはった、っていうのが印象に残ってます。その日は「でも師匠が…（いいんです）」みたいなところまでは言うたと思うんですね。でも、「いや、けど…」みたいな。で、もう1回アタック。次、スーツ着て、履歴書持って行ったんです。でもあかんかって。3回目行った時に「ほな話だけでも聞こぅか」って、三条京阪のつぼ八行って。今はなきつぼ八で、ひろば兄さん（桂ひろば）とうちの師匠のお客さんも一緒やったかな。そこで師匠のお客さんが「師匠の本名知ってるか?」って。「あ、はい。澤田正己です」言うたら、（お客さんが静かに頷いて）「よっしゃ」。「誕生日は?」「9月6日です」とか、まるで面接。ほんで、「好きな師匠のネタは?」みたいなん聞かれて。それ、結構困ったんや、私。落語のことあんまりわかってないから、その時。最近聴いた噺にしとこぅと思って、「崇徳院です」って。ほんならそれが良かったみたいで、「うんうんうん」みたいな。「あ、…良かった!」って（笑）。手応えあるとは思われへんかったんですけど。ほんで師匠が「二乗（兄弟子の桂二乗）呼ぶわ」言わはって、兄さんが来はって。

師匠はちゃんと言葉で教えてくれるんじゃないかなぁと。あと、こうであらなければいけない!みたいなことはあんまり言わはりそうじゃないなとも思ったかなぁ。

2軒目かなんか行ったんかな？その時の印象としては、師匠がビール飲むと兄さんも飲む、みたいな。へぇ～、そこ合わすんや…と思って（笑）。で、そっから「チケット取ってんのか？」って言われて。今後の落語会の。「取ってるやつもあれば取ってないやつもあります」って言うたら、「ほならもぅ来たらええ」って。そっから楽屋に入れてもらうようになりました。

入門（命名）／衣装と髪形

半年ぐらい見習いがあって、名前をもらったのが2011年3月9日。名前は師匠のお客さんが考えはったやつが表になってたんです。その中にはいろいろあって、「にぬき」とか「二束三文」とか「ニコニコ」とか。「一二三」っていうのもあってね。一二三（ひふみ）は落語にも出てくるし、私の本名が史（ふみ）やから。でも字面が「三三」と似てるからあかんな、とか。なんかそんなんで。最終的に「二涼」か「二葉」の二択になって。でも「二涼」なんか、どう考えても涼しげな頭してないし。ブロッコリーヘアやから。葉（よう）は、昔、紙数えるのに一葉二葉って使われてた。まぁちょっと古風な感じがあっていいかな？って。最後は自分で選びました。でもほんまはあんまり気に入ってない。うん。「によう」って読まれへんもん、普通に読んだらねぇ？今やったらもぅ「にぬき」の方が良かったなって（笑）。「どうも、にぬきです」。にぬきは大阪弁やし。もうちょっと考えられたやろ！と思いましたけど…。「二葉」っていう名前を出したのは、奈良の歯医者さんの先生でした。

着物は最初から女もんにしました。その方が私の体には合うやろうと思ったから。もちろん男もんが似合うんやったらそれでも良かったんやけど、私の場合はきっと違和感がすごくある。違和感が最大の敵やから、落語って。不自然になったらあかんと思て、女もんにしました。着付けの稽古は入門してからわりとすぐに行ってたような気がします。師匠の知り合いに着付けの先生がいて、京都の長岡天神で月1回教えてはって。結構楽しかったです。おばちゃんらがぎょうさんいる中で習ってました。なんか着付けって、補正とかなんやいっぱい入れるのってよく聞くけど、そこはその人の体に合った着方を教えます、って。それがすごい良かったです。着付けの稽古は唯一の息抜きっていう感じでした。髪形は、ブロッコリーヘアからのこれ（マッシュルームカット）ですけど。性別があまり感じられない方がいいかなと。まぁ髪形に性別なんかないんやけど。おさげでやるよりはね、こっちの方が想像を妨げない。って、目につく頭にしといて何を言うてんねん（笑）。ただ、ブロッコリーヘアには理屈があって。女の噺家が舞台に出ると「うわ、女出てきた」ってなる。なってたから、私も客で観てる時に。でもブロッコリーヘアの女が出てきたら、「こいつ何考えてんねんやろ!?」ってなるはずやと。その頃は「名前は桂ですけど、頭はカツラじゃありません」って言って最初のつかみにしてました。結局、この髪型は5年ぐらいやってました。

三遍稽古／初舞台／金欠

落語のお稽古は見習い期間からつけてもらってて。やっぱりしゃべってみなわからへんから、「とりあえず稽古しょうか」と。師匠のおうちでつけてもらうようになったんですけど、めちゃくちゃ覚えが悪かって(苦笑)。お稽古は三遍稽古(師匠が3回しゃべる噺の一節をその場で覚える口伝稽古。稽古中の録音・メモは厳禁)で2週間に1回ぐらいありました。嫌やった。ほんま、稽古日来るのが憂鬱でね。落語家なろう思てんねんけど、稽古はもぅ嫌や~って。でも私、根性キマってるんで(笑)。絶対に食らいついてるんですけど。当時はまだ落語を聴き慣れてないし、そもそも言葉とか文字が苦手やったから。セリフをワンフレーズ聴いただけで、頭の上に「あ」とか「ま」とか分解された文字が飛び散ってる感覚で。極端なこと言うと、「こんにちは」ってスッと言ったらいいのに、「こ……ん……にち……は」みたいな(バグッたロボットみたいな)感じになるんですよ。信じられへんと思うんですけど、最初は全部そんなん。お稽古をつけてもらったら、帰ってすぐその部分をノートに書き起こすんです。師匠の前では書かれへんから。教わったことを一言一句間違えないように書く。「東の旅・発端」という噺に、〝下辺(しもへん)の道者(どうしゃ)と見えて〟っていうセリフがあってね。お稽古の時、その〝道者〟が全然出てけえへんかって、その時の師匠のヒントが、「京都にあるやろ！あの、大学で、有名なん。今出川の、どう…ど…あるやろぅ！」って(笑)。〝道者〟いうのに、同志社大学を(笑)。ノートに、〝ここ、師匠が同志社って言ってくれた〟って書いてました。見習いの頃から「道具屋」もお稽古つけてもらって…。ってことは、私、(ネタおろしまで)半年以上かかってんねやわ。…ぐふっ。エゲツなッ！(15分のネタを)10か月ぐらいかかってる(苦笑)。ネタ上がって、師匠が「よっしゃ！ほな初舞台やな」って。その稽古の帰り道、私、泣いたもん。ょぅ覚えられたと思って(笑)。落語を覚えるだけじゃなくて、ほんまにもうメンタルも鍛えられたなぁっていう感じはしますよね。その時に「着物どうしよう？」って言ってたら、枝雀師匠(二代目桂枝雀)のおつれあいの志代子姉さんがどなたかが着てたおふるをくれはって。志代子姉さんは、かつら枝代という名前で三味線弾いてはったんですけど。そのいただいた着物を着て(初舞台に)出ました。

それから修業中って、私ら外遊びに行ったらあかんかったんですよ。これで生きていこうって思ってるのに、遊んでる場合か？っていうことですわね。別にバレへんかったらいい…といえばいい。コンビニ行くのでも結構ドキドキしました。だから、カツラ買いました(笑)。お金ないのに。ストレートの、長～いカツラ買ったんですよ。当時はブロッコリーヘアやから、ちょっとモコッとしてたんやけど。おさげにしてねぇ。でもじゃまくそなって、そのままで遊びに行ってましたけどね。一発でバレるからね、私。一回なんか京都で自転車乗ったらあかんところで走ってて。ほんなら警備してるおばちゃんに止められたことがあって。「待ちなさ～

ブロッコリーヘアには理屈があって。女の噺家が舞台に出ると「うわ、女出てきた」ってなる。でもブロッコリーヘアの女が出てきたら、「こいつ何考えてんねんやろ!?」ってなるはずやと。

い！」って。「すいません！」って言ったら、「あんた、どっかで見たことあんな」って。で、「米二さんの弟子やろ。師匠にチクッたるからな！」って言われたことある（笑）。「いや、ちょっとかんにんしてください」言うて。で、バイトのシフトも師匠に全部送ってましたし。何時から何時までとか。バイトは掛け持ちしてたけど、お金には本当に困りました。あの、頭（ブロッコリーヘア）にすごくお金がかかって。で、奨学金も返してたし。師匠が「うちにあるもんは何でも食べたらえぇで」って。でも食べにくい。ねぇ？「お米持って帰りや」とか言うてくれたり。住んでたアパートは家賃3万2000円かそんなんでした。安い。あと、……思い出してきた！コンタクトレンズね、使い捨てやったけどたこぅつくから1週間使ったりしてました。洗浄液買って。だんだん見にくなって（笑）。で、バイト終わりは芋けんぴ。100円ローソンの芋けんぴがわりと腹ふくれるんです。満足感がすごいあって。あれ、毎日食べてました。

年季明け／ラジオの中継リポート／若手噺家グランプリ

年季明けは最ッ高でした！なんか、不安やなって思わはる人もおるみたいやけど、私はもぅ羽生えましたね。羽生えました、本当に。これで師匠の家、行かんでよくなるー！いえーい!!って。あと、自分でいろんなことができるし、いろんなとこにお稽古も行かしてもらえるし。普通、みんな修業明けても、「明日どうしましょう？」とかね。師匠に「行きましょうか？」とか、そんなんあんねんけど、私、ピタッと行かへんかって（笑）。あいつ全然けーへんやんって師匠言うてたらしい。やっぱしんどいんですよ、修業期間って本当に。バイトもやめましたしね、もうピタッと。

勉強会をやる勇気があんま出ぇへんかったですね、年季明けてすぐの頃は。ネタ数7本やったから、私。あと〝年季明けラッシュ〟があるので。いろんな人から声掛けてもらう会が毎日のようにあったんで。それで結構忙しかったです。覚えてる会はあんまりないけど、でも、どの会でも……いっちゃん（一番）ウケよう！とは思ってました。まぁスッコーンってなった時もあったと思うけど、でも、すごいパワフルやったと思います。エラそうやけど、ほんまに（周囲の噺家を）〝食うたろぅ！〟ぐらいに思てました。ただ、しゃべることに対しての苦手意識はずっとあって、まくらはほぼナシやって。当時のことって…あんま覚えてない。ほんま、あかんかった時のこと覚えてへんわ。

しゃべるようになったんって、ゴエさん（浅越ゴエ）のラジオ（MBSラジオ「サンデーライブ ゴエでSHOW！」）で中継リポーターをやらせてもらうようになってからですね。何とかがんばってしゃべらなあかん！っていうところに追い込まれたんですよね。何とかせな、って初めてここで思ったんです。いざ中継行くと、まったく知らん人としゃべらなあかん。台本はあるんですけど、ほんまに最初はめっちゃ愛想ない感じでした。それまで人としゃべる上で相手に興味を持ったり、なんか楽しい、うれしい気持ちになってもらうとか、そういうことは考えへんかったんやと思います。最初はめっちゃ苦しかった。どうしよう…って思ってた。でもこの頃から、まくらしゃべれるようになりました。中継で会ったおもろい人とかの話をしたくなったんでしょうね。そう、猪名川天文台の台長がおもしろい人でね。あれ、(リポーター始めて)2回目に行った中継やけどめっちゃ覚えてるんですよね。茶色いサングラスかけたコワモテのおっちゃんやったんですけど、「双子座の右の人に似てますね」みたいなん私がボケで言ったら、(低音ボイスで)「よく言われます」って(笑)。その後、もう1回行きました。台長に会いたくて。しゃべれるようになったん、あのおっちゃんのおかげかもしれへんわ。

もう一つ、決定的に変わった瞬間は「若手噺家グランプリ」(「上方落語若手噺家グランプリ」)で決勝行けた時。あれでバッチ〜ン変わったんですよ、私。ここで火ぃついたんですよ、私。それまで、ウケてやろう!とか、お客さん入れよう!とかは思ってたけど、落語が上手くできてる自信まったくなくて。初参戦の2016年は「雑俳」で出てるんですよね、たしか。でもそれはあかんかって。次の年に「上燗屋」で出たら、予選1位で通って初めて決勝に行けたんですね。ここで自信ついたんです。よし!と。勝つ喜びを覚えました。初めて認めてもらった感がありました。それまで賞レースに積極的に出たことがなかったし、うじうじしてたから。結構、パーンっていったんです、ここでほんま一気にね、えぇねや!と思って。すごいうれしかった。今までこぅ認められたっていう覚えがない。人生において。いい点数取ったこともないし、丸もらった記憶があんまりないから。めっっちゃうれしかったんですよ、その時。

COVID-19/NHK新人落語大賞その1

コロナ禍の時は落語ピタッとせぇへんようなって。全然、何もやってなかった。ネタ何覚えて、って最初は書き出したけど、いっこも覚えてない。ハハハ(笑)。ひたすら映画観てましたね。私、映画を今まで全然観なかったんですよ。字幕、読まれへんかったから。字ぃ読み切る前に次いってたりして。どう観ていいかわからんかったから、困ってたんですよ。でもやっと字幕読めるようになったのに気づいたんです、この期間で。めっちゃ観ました。『バック・トゥ・ザ・フューチャー』初めて観た(笑)。名作と言われるものをとにかく観て。もうおかしなってね、一日3本とか観てたら目ぇがだんだん二重になってきて。特に心に残ってんのは、インド映画の『きっと、うまくいく』。あとは韓国の『サニー』(『サニー 永遠の仲間たち』)とか。あと、『スクール・オブ・ロック』はめっちゃわろたな。『ショーシャンクの空に』も観たけど、あれは怖かった。それこそ寅さん(『男はつらいよ』)も初めて観ましたし。あと、あれも良かった。『湯を沸かすほどの熱い愛』。

コロナ禍で3か月ぐらい仕事がなかって。久しぶりに出番あるっていうのが怖かって、その前に〝公開稽古〟やりました。公開

今までこぅ認められたっていう覚えがない。人生において。いい点数取ったこともないし、丸もらった記憶があんまりないから。めっっちゃうれしかったんですよ、その時。

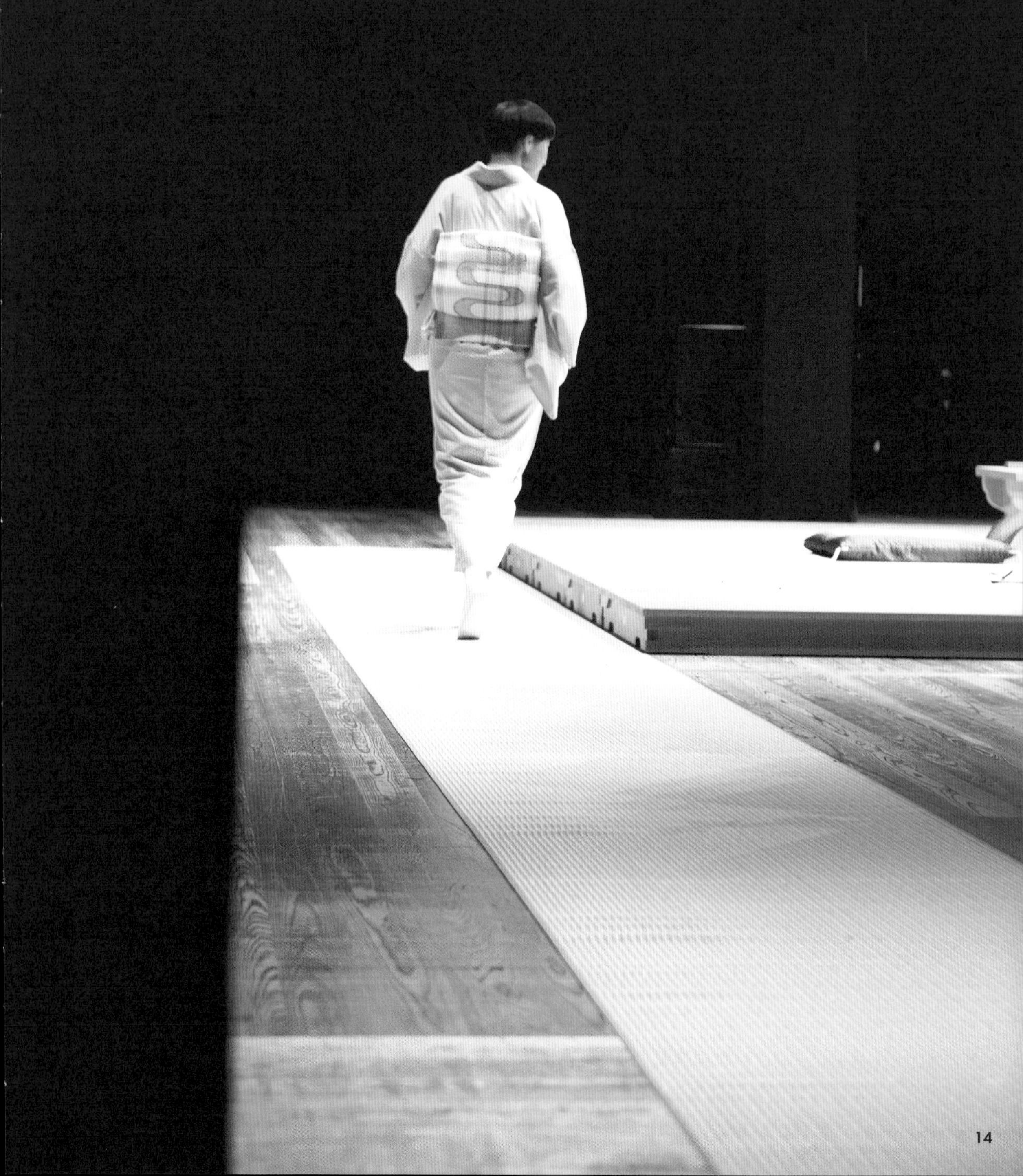

稽古は、元々賞レースのためにやってたんですね。度胸つけるとか、場数のために。〝繁昌亭の近所の公園で公開稽古します！〟いうてツイートして、お客さんに集まってもらって。ほんで、「どうぞ好きなところ座ってください」言うて。自分の公園でもないのに。「15分だけやけども、よかったら観てやってください」って。公園やから、落語やってても前に子どもが蹴ったボールとか飛んでくるんやけど、それに負けないように集中してしゃべるっていうのが鍛えられました。犬もなくし。

あと、この年のNHK（「令和2年度NHK新人落語大賞」）で初めて決勝行ったんですよね。毎年、予選は受けてたけど決勝は初めて。結構考えたんですよね、ネタを。この時は「佐々木裁き」やって。でも、ちょっと無理あったんですよ。30分のネタを10分でやるっていうのは。一応、ギュッて（編集）できたんですけど。これは本当にいろんなとこで言ってるけど、情けなぁい落語でした。…はい。いろんなことを気にして、自分が何をしゃべってるかわからへんぐらいアガってしまって。そらもぅ舞台袖にトロフィーはあるわ、前にカメラめっちゃあるし、審査員席で権太楼師匠（柳家権太楼）も観てるし。どう思われるやろ？とか、この言葉の方がぃいかな？とか、いろんなことを考えて。結局、自分のしゃべりたいようにしゃべられへんかったから。権太楼師匠に言われた言葉（酷評）にすごい腹立ってたけど、それよりも自分のしゃべりがもぅ情けなかったから、それが一番腹立ちました。何のために落語やっとんねん！って。そこでまた火ぃつきましたね。まぁ賞取りたいけど、それよりも大事なもんがあるやろうと。次の年はべべ（最下位）か1位かって思ってやりました。振り切れ！と思いました。

KBS京都ラジオ／コロナ感染／初独演会

KBS（KBS京都ラジオ）は、なんか助け（代演）で1回行かせてもらって、その時がわりと上手にしゃべれて。それでコロナ禍に「さらピン」（「さらピン！キョウト」）のレギュラーが始まったんですね。で、翌年（2021年）から「ま～ぶる」（「ま～ぶる！桂二葉と梶原誠のご陽気に」）をやらせてもらうようになって。「ま～ぶる」が始まった当初は、「このオッサン、ええかげんにせぇよ！」って梶原さん（相方のアナウンサー）のこと思ってたんやけど、やっぱりやっていくうちにだんだん仲良くなってきて。（梶原さんは）悪い人じゃないねん。ええ人なんやけどなんか腹立つ時あんねん。一回、オンエアで怒ったことある。「しらこいんじゃっ!!!」って。かなりピリッとしました。でも、そこがやっぱ結構おもしろくて。二人でずっとしゃべってるから、4時間。その日のコンディションもあるし、合う時と合わへん時って絶対あるんですけど。そのおもしろさを最近感じてます。もうお互いなんか、ようわかり合ってきてるから。最近はほんまにこの火曜日がリフレッシュになってる感じがしますね。LINEとかもしてるもんな、私、梶原さんと。最悪

「ジジイども、見たか」は、直後の囲み取材の時に、もう最後にポロッと言ったんですね。ウケ狙いで言うたんですよ。それがのちに一人歩きするんやけど。

や。あっはっはっは（笑）。なんか、（梶原さんは）近所の兄ちゃんって感じ。大事にしたいなぁと思います。

で、「ま〜ぶる」始まった年の8月にコロナなって（感染して）。めっちゃ気ぃつけてたんですけど。買ってきたもん、全部洗ったりしてましたしね。お酒飲みにも、もちろん行ってないし。めっちゃしんどかったなぁ、この時。父親が毎日お弁当作って持ってきてくれて。スイカ切って持ってきてくれたり。「肉食えよ！」って。なんか、発症して7日たって熱が下がらんかったら死なはる人おる、みたいなこと言われて。7日がキーポイントみたいに言われてて、結構怖かったです。死ぬかもしれんっていう感覚に初めてなったから。何とも言えへんかったな。翌月にABCホールで初めての独演会が決まっててんけど。声が戻らんかって、咳も止まらへんままやったから結構キツかったですね、この時の独演会は。初日が特にしんどかった。でも2日目がすごい良かって。「佐々木裁き」やったかな？この時、デキがすごく良かったんです。波長がもう全部合ってる感じでね。こぅ自然にしゃべれて、それがお客さんにスパンスパンスパン！と全部ハマっていって、すべてが気持ちいい感じでした。なんかうまいこといったんですよ。

NHK新人落語大賞その2／ニューヨーク・タイムズ

初独演会の約2か月後がNHK（「令和3年度NHK新人落語大賞」）の決勝。この時のことはよく覚えてます。会場へ向かう途中に母親に電話したら、「こけなや！」って。いや、縁起悪いわ！と（笑）。「こけなや」は、道中「こけなや」っていう意味で言わはったんですけど。その日はめっちゃ楽な格好で行きました。もぅジャージみたいな格好で。リハとか結構長いから。で、メイク室で権太楼師匠に会ったんですよ。その時に、（披露する演目）「天狗さしって天狗裁きじゃないの？」って言わはって。知らんのんか！と思たけど、（かわいらしく）「あ、違うんです」って（笑）。それがあったから、落語の本編にアレを挟んだんですよね。あの、「天狗を捌きまんねん、天狗裁きとちゃいまっせ。天狗〝を〟捌く。この一文字でだいぶ意味変わりまんのんで」って。本番前に権太楼師匠が言わはったから、こらえぇわ！と思って入れました。あと、前年度の会場は審査員が（高座の）前におったんですけど、私が勝ったこの時は横やったんですよ。だから見えへんかったのも良かったんです。だって前に（審査員の）顔あったらやりにくいじゃないですか。もう放ったらかしでやったれ！と思って。そんな感じでした。あの時は大阪のお客さんがいっぱい来てくれはって。落語会によぅ来てくれはるお客さんの顔があちこちに見えて。でまぁ、ほんまのほんまにやり終わった後はイったと思いましたね。これはイったな（優勝したな）と。ほんで（審査員の点数が）10点10点10点10点10点って出て。最前列に座ってた飲み友達のエミちゃんに（目線で）「結果、どう？」って聞いたら、（口パクで）「イってるイってる！」言うて、ぶわ〜泣いてて。エミちゃん、めっちゃ泣いてた（笑）。最後にパン！ってトロフィーもらって、「うれしいです」とか言って。ほんなら、初舞台の頃から観てくれたはるマダムの顔が見えて、もぅグッときて、私も泣きそうになって。「ジジイども、見たか」は、直後の囲み取材の時に、もう最後の最後にポロッと言ったんですね。（控えめな口調で）「まぁ、ジジイども見たかっていう気持ちです」って。ウケ狙いで言うたんですよ。それがのちに一人歩きするんやけど。でも、あれ言うたのは本当よかったなぁと思います。あれ言ったからニューヨーク・タイムズの取材もあったし。

取材依頼は問い合わせメールに来て、「ニューヨーク・タイムズです」と。まず、〝ニューヨーク・タイムズ〟で検索しましたわ。外国の映画でしか聞いたことなかったから、ほんまにあるんや!?っていう（笑）。記者の人が東京に住んでるアメリカの人やったかな。そらもぅ細かい取材でね。落語のことをなんにも知らへん人に伝える、っていう。だから本当にもう一からしゃべりました。取材は師匠（米二）にも行かはったし、権太楼師匠にも、それこそ都師匠（露の都）とかあやめ師匠（桂あやめ）にも行ってはったと思う。撮影も繁昌亭（天満天神繁昌亭・P52）でね、撮ってくれはった。でも私自身はね、驚いてる暇もなかったっていうか。

落語家になる前から、女の噺家の中で最初に一番になりたいっていうのはありました。その、下手やとかなんやあんねんけども、入門前からイケる自信はどっかにあった。負ける気がしなかったです。今は〝女の噺家の中で〟なんて思わへんけど、当時は幼かったですわぁ。

池袋演芸場／桂二葉チャレンジ!!／東京

NHKの受賞後に出させてもらった池袋演芸場、あれは異様やったなぁ。小痴楽兄さん（柳亭小痴楽）が主任の時で立ち見もすごかったし。うん、すごかった。もぅみんながこう前のめりで。〝待ってる!〟っていう感じでした。全然知らんおっちゃんに「東京来なよ。売れるぜ!」って言われて（笑）。最近、東京でも独演会をやらせてもらうようになって思うのは、正直なこと言うと東京の方がやりやすい。笑おう!と思って来てくれたはる人が多いから。大阪のお客さんはやっぱり基本的に〝自分の方がおもろい〟みたいな（笑）。この時の池袋で観てくれた人が、今、お仕事くれたりね。あと、橘蓮二さん（P34）が「桂二葉チャレンジ!!」を企画してくれはったり。

「チャレンジ」（「桂二葉チャレンジ!!」）は、そらもぅ全身の毛穴が開くような。それぐらいこぅ奮い立ってしゃべれるような会ですね。どの落語会も大事やけども、やっぱり約770人の（観客の）前で、実力も人気もあるゲストに立ち向かうっていうのはなかなかできる機会じゃないし、私らのキャリアでそんなことやらせてもらえる人もいぃひん。たまらないです。たまらないと思ってる自分が怖いと思います。喬太郎師匠がゲストの時（2023年4月26日公演）のまくらでも言うたんですけど、私、4回のゲスト（春風亭一之輔、春風亭昇太、柳家喬太郎、笑福亭鶴瓶）を見た時、繁昌亭の近所のワーズカフェにおったんですけど、「喬太郎師匠だけは手強いやろうな～」言うたら、カウンターで隣の席に座ってた落語好きのマダムが「ほかはイケると思ってんの!!」って。ふふふふ（笑）。思てる自分が怖ッ!ってなったけど。でも素直な感情では本当にそうで。あとは勝てんちゃうかな?と思った。でも、いざ蓋を開

こっちは右ストレートしか持ってないので。右のストレートだけで戦ってる。相手は本当にいろんなパターンでやれはるんでね。でも、右ストレートだけでも勝てるかもしれへん（笑）。

けるとそんなことはないんですけど、喬太郎師匠だけは見えへんかった。生で落語をあんまり観させてもらったことがなかったっていうのもあるけど、怪物っていううわさやから。今、（一之輔、昇太、喬太郎と）3回目まで終わって。もうね、こっちは右ストレートしか持ってないので。右のストレートだけで戦ってる。相手は本当にいろんなパターンでやれはるんでね。でも、右ストレートだけでも勝てるかもしれへん（笑）。武器がない中、振り絞ってやってるんですけど。いざ舞台袖で観させてもらうとね、やっぱりすごい。本当にすごい。（3回とも）まぁそら勝ったとは思えないですけど（笑）。精いっぱいのことはね、したなぁっていう感じ。かなり手強いけども、お客さんがめちゃくちゃワクワクしてくれはったんちゃうかなぁ。どやろ。

770人の前でウケた時はね、すごい心地いいですけど。ただやっぱり、3人のお客さんの前でやる方が緊張する。770の方が逆に怖くないっていうか。笑いにくいですよね、3人って。それこそNHKの決勝の前の日に、さかいひろこworks（P110）の三女の部屋で「天狗さし」聴いてもらったのは、ほんまめっちゃ緊張しました。「最後にちょっと見てくれへんかな?」言うて、次女ののりこ、三女のまさこ、まさこの夫、3人の前でやったんですよ。落語よく知ってる友達やし、特にのりちゃんは厳しいから。あれは根性いったなって。公開稽古もそうやけど、なんかそういうところで鍛えられてるところも多いと思う。

しごきの会／テレビのお仕事／上方落語のこれから

最近（2022-23年）の重大な出来事というと、やっぱり「らくだ」（ABCラジオ「上方落語をきく会『桂二葉しごきの会』」でのネタおろし、P90）ですかね。話がきた時はまだ余裕があったから、（恒例の）三席ネタおろしいけるやろって思てたけど、その後めっちゃ忙しなって、毎日仕事がある中で覚えた。お稽古も行って。結果的にそれできたことが、結構自信になりました。本番を終えた翌日も、なんか背筋ピン！ってしてましたもん、私。開放感と爽快感と自信と。あ、やれるんや！と思って。やっぱ「らくだ」をやったことが、すごい良かった。「らくだ」やれたら、もぅ怖いもんないんちゃうかな?って。いや、あるけど（笑）。「百年目」とかはやっぱり厳しいやろうけど、でも100%無理！っていう感じではないやろうと。修業中なんて、自分ができるネタって何があんねやろ?と思ってたんで。「牛ほめ」とかは手が届くかな?って思てた感じやから。こんなにできる幅が広がったっていう喜びがあります。最近よく思うのは、伸びしろがえげつないなって。自分がもっともっと上手くなるやろうっていうのがわかるから。最高にワクワクしています。落語をやるのが今、本当に楽しいんで。ようやく楽しくなってきました。ずっと苦しかったんですけど。まぁ、その苦しみが楽しかったりもしたんですけどね。おもろいわ、今。

あと、最近はテレビに出だしたことで、お客さんの感じが変わってきたというか。なんか「テレビ出てて、どんなもんや!?」みたいな雰囲気を感じることが出てきましたね。怖いなぁって。ほんま落語ちゃんとせな、って思う。「探偵！ナイトスクープ」はめっちゃおもしろいと思うし、収録行ってもすごいなぁって。ロケもスタジオ収録も心地がすごくいい。出演者もスタッフも楽しい感じなんですよ。みんな生き生きしてはる。やっぱりテレビとか出たらね、いろんな人、それこそ若い人にも落語観に行こうかなって思ってもらえたり、繁昌亭に来てもらえる可能性が絶対あると思うんで。テレビに出ることで落語に生きるかはわからないんですけど、落語観たいな！って思ってもらいたい気持ちで出てます。それは、番組作ってはる人に対して失礼かもわからないですけど。やっぱり、〝生で落語観る〟っていうのが一番おもしろいと思てるんで。そうやっていろんな人に思っていただきたい。そのために、テレビにお声掛けていただいたらがんばりたいなぁという気持ちがあります。やっぱり〝生〟がおもろいと思うんですよ。やっててもそうやし。

繁昌亭にもっとお客さん来てもらいたいし、上方落語のお客さんを増やしたいって思ってるけど、最近、大阪の仕事があまりに少ないので。なんか矛盾してるな…って。だから繁昌亭で会をやらないと！って思ってます。自分だけ良ければええわ、っていう気持ちはないです。（上方落語の世界が）やっぱ好きやねん。先輩方がつなげてきてくれたもんやから、私もあとの人に、という思いがある。繁昌亭のようなすてきな小屋があってね、なんぼでも楽しくすることができるのに生かさないのはやっぱりもったいない。米朝師匠はずっと、あとのことを思っていろんなことをやってきてくれはって。で、文枝師匠（六代桂文枝）が繁昌亭つくってくれはって。ありがとう、という気持ちでいっぱいです。うちの師匠にも感謝しきれへん。師匠に弟子にしてもらわれへんかったら、今の私おらへん。丁寧に丁寧にお稽古つけてくれはったこと、すごく感謝しています。あと、アホなこと言うけど、私（上方落語協会の）会長なりたい、ほんま（笑）。会長になったら、楽しいこといっぱいしたい。そのためにも、こいつが言うんやったら、というふうに思ってもらう落語をすることは本当に大事やなと思います。

これから、いろんな噺を稽古してモノにしていきたいと思てます。もっとこぅ自由にしゃべれるようになりたいな、っていうことを最近考えてます。それって本当に基本がないとできひんことやと思うし、めっちゃ稽古しないとそこにはきっとたどり着かないと思うけど。例えば、この落語のこの部分のしゃべり方はこうである、とか決まってたりするし、そういうもんやって私も思ってるところがいっぱいある気がするけど、果たしてそうなのか？本質はどこか？って。どんな登場人物にも性別はあるけども、私は甚兵衛さんでも「おっさんです！」っていう（年齢や性別を表す）気ぃでやってない。〝その人の気持ち〟でしゃべってる。そういう本質が大事やと思てんねんけど、見失ってへんか？と。あと、落語の中の世界って、人が楽しくしゃべってたり、何でもないようなことをしてたり、私たちの日常に近いものじゃないですか？せやのに今はどこか隔たりがあるというか、決めつけてしゃべってる気がするんですね、私。〝米朝テキスト〟も大切やけど、それがすべてじゃないっていうか。もっと自分の言葉で、自分の気持ちでしゃべれるようになりたいなと思ってます。ほんまはそこが大事なはずなんですよ。だから、まだまだまだまだやなって。もっと自由に。まっすぐに声が出る、そういう落語がしたいと思ってます。まっすぐ行きたいんですよね、なんか。

もっと自分の言葉で、自分の気持ちでしゃべれるようになりたいなと思ってます。もっと自由に。まっすぐに声が出る、そういう落語がしたいと思ってます。

笑福亭鶴瓶さん、今の二葉さんを見てどう思われますか？

笑福亭鶴瓶さんが二葉さんの独演会にゲストとして出演した際に。(2022年)　写真／橘蓮二

二葉さんが落語に出会うきっかけを作った笑福亭鶴瓶師匠。大学生の頃、テレビで見たその姿にほれ、追っかけを始めたところ落語に開眼(詳細はP64)。「いつか舞台上で認めてもらいたい」と願った恩人であり大先輩は、現在の落語家・桂二葉をどんなふうに見られていますか？

二葉さん入門後、打ち上げの席での一枚。
奥は桂米二師匠。

〃根本的には売れなあかん。売れる意識を持たないと。意識を持たないと売れないですよ〃

「上方落語界にとっては、彗星の如く現れたすばらしい噺家ですよね。上方の噺家が東京で独演会をやって満杯になる、即完することってなかなかないんですよね。でも二葉はやってる。だから本当に良かったなと思うし、それをやっぱり関西の噺家はもっと喜ばないと。みんなで盛り上げないと。上方落語を江戸にぶつけていくっていうのは難しいと思うんです。でも、こっちは向こう(江戸)よりオモロイと思ってやってますから。そこに二葉のような存在が出てきてね。たまたま僕のファンだった彼女が落語家になってくれて、ちょっとでも貢献できたなら良かったなぁと思いますね。また今度、二葉を見て落語家になりたいという人が現れてくれたらと思うんですよね。それの繰り返しで、続いていくっていうかね。それで上方落語が繁栄していくのが一番いいんですよ。大阪にこんな噺家おんねんわ!って(全国の人に)思ってもらわないと。僕もそういう意識でやってますけどね。うちのおやっさん(六代目笑福亭松鶴師匠)の思いがそうやったから。どうしても落語って〝ミニ〟な世界になってしまうから、それを〝マス〟の世界にどれだけ広げていけるか?僕らも必死にそれをやっています。今、二葉はテレビにも出だしてね。すごいチャンスやから。根本的には売れなあかんと思う。売れる意識を持たないと。意識を持たないと売れないですよ。あの声、独特の声で、いいキャラクターやし、人間もかわいいしね。売れる要素があると思うんですよね。これはもう限られた人間しかできないことですから。みんながなんぼ持ちたいと思たって持てないもんを彼女は持ってます。全国にその名が届くっていうのは長いことかかりますけど、大事なことやから。二葉にはそれを期待しますね」。

師匠とお兄さんと二豆さん

やさしくて愛に溢れる師匠と、
本物の兄弟みたいに二葉さんが慕う兄弟子と弟弟子。
一門会では恒例の無礼講トークさながら、
4人そろって、ちょっとおしゃべり。

〜桂米二一門〜

師匠

「師匠は〝お父ちゃん〞っていう感じ。お稽古は厳しいけども、それ以外の時は本当にやさしい。大好き。お兄さんを弟子に取って髪の毛が薄くなり、私を取って白髪になり、二豆さんを取って奥歯痛なったと(笑)。身を削って、3人を育ててくれました」(二葉)

二乗兄さん

「私にすべてを教えてくれた人。わからんことがあったらお兄ちゃんに聞く。師匠同様、ほんまにやさしい。いざとなったら一番に助けてくれる人かもしれへん。すごい片意地なんで入門して20年、いまだに師匠の気持ちがわからへんいうところが不思議(笑)」(二葉)

二豆さん

「博学!落語のことも歌舞伎のことも文楽のこともよく知ってる。そのたぐいでわからんことは、まず二豆さんに聞いてます。ほんなら快くね、教えてくれる。理屈っぽいところもあんねんけども、かわいい。あと、めっちゃおしゃべり」(二葉)

2014年の一門会。

師匠のお家での食事会。

2023年、京都での一門会。

Profile

師匠　桂米二(かつら よねじ)
京都府京都市出身。1976年11月、桂米朝に入門。出囃子は「五郎時致(ごろうときむね)」。「桂米朝落語研究会」などの世話役も。

兄弟子　桂二乗(かつら にじょう)
三重県四日市市出身。2003年7月入門、桂米二の一番弟子。
出囃子は「お座敷小唄」。「第52回なにわ芸術祭」新人賞受賞。

弟弟子　桂二豆(かつら にまめ)
兵庫県芦屋市出身。2017年5月入門、桂米二の三番弟子。
同年7月、大阪・梅田の太融寺で初舞台。演目は「子ほめ」。

イラスト／桂二葉

師匠ゆずりのやさしい兄と、愛嬌ある妹 しっかり者の弟という妙

二葉　私、反省文一回書いたことある。

米二　二乗には何遍も書け言うたけど。

二乗　二葉の場合は、心配やったやつ。

二豆　あぁ～、コーヒーの一件。

二葉　ハッハッハッ（笑）。師匠が打ち上げ行かはるから先帰っとけって言われて。ちょっと喫茶店寄って帰ったら、師匠がもぅおうちにいはって。「出て行けー!!!」。

二乗　言うこと聞かないというより、師匠は心配して。預かってる身やから。

――師匠も、お兄さんもおやさしい。

二葉　兄さんは、ごきげんはどう?みたいなん、いっつも聞いてくれはる。

二乗　機嫌良くないとあかんと思うので。まぁ誰でもそうなんですけど。機嫌がいい時、より魅力的やと思うので。聞いてどうするわけでもないですよ。何ができるわけでもないけど、あぁそうか～と。

――二豆さんにとって二葉さんはどんな姉弟子ですか?

二豆　私が弟子入りして京都に住むにあたって、もともと姉さんが住んでたアパートを紹介してもろたりとか、楽屋のこととか師匠の家でこういうことするとかも基本的には直属の姉弟子なので二葉姉さんにほとんど教えていただいてます。私は実の兄弟で兄と妹がいてるんですけど、姉はいてないので。だから初めて姉ができたなぁと。

二乗　二葉の方がようさんモノ買ぅてくれてるで。俺、二葉にそこまでいろいろ買ってあげられへんかったから（苦笑）。

二豆　たしかにいろんなもん買うてもうてます。

二葉　嫌われたらあかんから（笑）。

二豆　ある日、いきなりお届け物が届いて。箱に「わくわく宅急便」かなんか書いてあって。なんやこれ!?と思たら、姉さんからで。そんなことも何遍かありましたですね。姉さんはNHK（新人落語大賞）取らはったりとか、今、馬力で攻めてはって、同世代の若手にはリスペクトしてる人間がいっぱいいてます。でもほんまの弟弟子は私だけなんで、そういう気はありますね。ただの後輩じゃない、姉と弟っていう。

二葉　まぁ私も、兄さんにしてもらったことを二豆さんに、というふうには思ってますね。いつやったか、米朝師匠のところへ行くのに黒いジャケットを着て行かなあかん時があって。その時に履いてたヒールが折れて、ヨロヨロ歩いてたんです。ほんなら兄さんが「新しいのん買うたる」言うて。靴買ってくれはりました。

二乗　そんなことあったん!?（笑）。

二葉　ほんまにお兄さん買ってくれたんですよ。そんな高いのはあかんぞ、って言ってたけど（笑）。ほんまの兄妹ちゃうのに買うてくれはって。

――米二師匠にとって二葉さんは初めての女性のお弟子さんで。それゆえの難しさはありましたか?

米二　難しい点はいっぱいありますよね。例えば男が言うたら気にならへんセリフでも、女が言うとちょっと下品に聞こえるとかね。ちょっと直した方がええかなぁ、とかいうのはありましたね。やっぱり、駆け出しの頃は旦那なんてのは全然できませんやん。"らしく"やったらええわけやけども、それはアドバイスのしようがないから。自分でやるしかない。でも今はね、それなりに旦那もできてるからね。やっぱりそれだけ年数のかかるもんですわね。

――反対に新鮮だったことはありますか?

米二　泣く。もぅそれしかないかな。想定外でしたからね。ここで泣く!?って。

師匠のやさしさにグッときて…涙
今だから話せる悲喜交々

――お稽古中に目の前で。

二乗　オロオロする（笑）。

米二　泣かすつもり全然ないし。キツイこと言われへんなぁ…と思て。当時、劇団四季の女優さんと飲んだ時に聞いたんですよ。浅利慶太という演出家の元で、僕らより厳しいお稽古してるはずやから。お稽古中に泣くの?って。彼女はクールに、「泣きません」って。「その代わり、ロッカールームで泣きます」と。えぇ〜、うちにロッカールーム作らないかんのかい!って。

二葉　アッハハハハ（笑）。別に、あれはキツイこと言われて泣くんじゃないんですよ。なんちゅうのか、師匠のやさしさに。三遍稽古やけど、師匠は5回も6回も7回も言うてくれはる。怒りながらも。そのやさしさにこぅ、グッときて…。

米二　ほんまかいな（笑）。

二葉　ほんまなんです、師匠!

二乗　悔しなるねんな?

二葉　そうなんです!なんでそんなに私の頭はバカなんだろう、情けない…と。そっちなんです。師匠がやさしい、本当に。

米二　まぁ、とりあえず泣きやむのを待つんですよね。泣いてる最中に何やったってあかんから。待つわな、言うて。しばらくたって泣きやんできたら、もう大丈夫か?ほなまた始めようか、と。それ言うたら、またボロボローって泣き出すから。今日はもぅやめとこか、日ぃ改めよ、言うて。

二乗　怒られて泣く姿はよく見ましたね。悔しさが募って、わ〜!と泣く。そしたら急に師匠やさしなるねんな（笑）。でも本当に悔しそうな泣き方でしたね。

――東京では三遍稽古がほぼ皆無だとうかがいました。それは師匠方にとっても根気がいるお稽古だと思うのですが。

米二　僕は師匠にそういうふうに稽古してもろてたからやってるだけで。今もぅね、弟子に稽古せんとテープかなんか渡して、これで覚えときっていう人もいますからね。あぁ、こんなことしてたんではプロと言えんなと僕は思いますから。やる以上、プロとなったらちゃんと稽古する。二葉を弟子に取った時分、「なんであんなん取るねん」言うてたある兄弟子が、数年前に「二葉、おもろいがな」言うてくれて。今さらなんや、あんなボロクソ言うて!思いましたけど。僕はちゃんと稽古つけましたから、できるようになったんです。

――女性の弟子を取られたことに対して、米朝師匠は何かおっしゃっていましたか?

米二　何も言われませんでした。師匠には、ちゃんと教えられるかどうかわからへんけど、とりあえず弟子にしました、みたいなことを言ってましたけどね。

――米二師匠が米朝師匠から教わられたことで印象に残っている言葉はありますか?

米二　まぁ結局ね、落語のどの部分とかやなしに、うちの師匠が常に言うてはったのは、「最後は人間や」と。どんな上手い人でも人間が悪かったら嫌な落語になるわけや、と。それは弟子にも伝えてるつもりですけどね。

――二乗さんと二豆さんは、米二師匠にもらい大切にしている言葉はありますか?

二乗　二葉が入る前のことですけど。師匠と二人で電車に乗っていて。僕の同期で鯛蔵さん（桂鯛蔵）がいて、彼は舞台へ上がるだけで明るい雰囲気になるというか、笑いたい気持ちになるんですよね。それはフラと言ったり、ニンって言ったりするもんなんですけど。師匠が「鯛蔵にはな、それがあるねん。でもお前にはない。けどな、ないならないなりの闘い方はきっとあるはずやねん」と。それは心を折れなくしてもらえた言葉の一

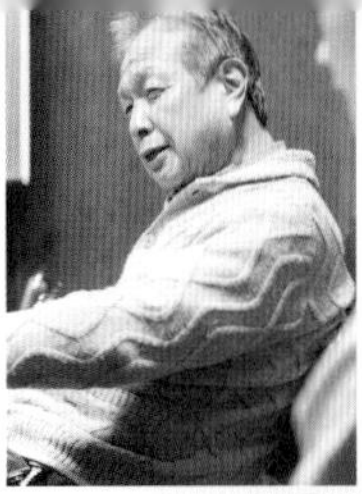

つで、今も大事に持っていますね。まぁ図太いんで、そもそも折れないんですけどね（笑）。

米二　こいつら3人とも思ったけど、なんぼ怒っても絶対やめよらへんなって。

二葉　アッハッハッハッ（笑）。

米二　しぶとさは3人とも持ってますね。

二豆　僕は、最初のお稽古をつけてもうた時に言われたことで。素人の時からやってた「子ほめ」のお稽古やったんですけど。師匠が「ちょっとやってみ。直していくから」と。「こんにちは」「お、誰かと思たらおまはんかいな。まぁこっち上がり」言うたら、「あのな」と早速止められて。「誰かと思たらおまはんかいな、は変や」と。「誰かと思たら喜ぃさんかいな、やったらわかる」と。もっと言うと、「おぉ、こっち上がり」とか「おまはんかいな、こっち上がり」、もぅこれでいいと。「無駄をなるべく省くんや。それが米朝落語やで」って言われて。ズキュン！かっこいい…と。

米二　（二乗さんを見て）こいつはね、「こんにちは」二遍言いよるんですわ。「こんにちはー、こんにちはー」て。逆ろぅて、言わしてくれって。今やったら何ぬかしてんねん！って言うけど、当時は初めての弟子やったからね。どう対処してえぇかわからへんかった。まぁそないしたらええがな、言うたけど、あとで、しもた～、あれは絶対あかんって言わないかんかったなぁ思てね。それぐらい僕が好きなやり方じゃないということね。

二葉　今でも言うてはるんですか？

二乗　今は言うてないと思うけどなぁ。

米二　なんでやめたん？

二乗　なんでやめた…？

米二　自分のやり方を通せ。

二葉　アハハハハ（笑）。

二乗　どないですねん（笑）。

二豆　師匠は「お前のやり方通せ」って言わはる。私、師匠が「タケ！」って呼んでる登場人物の名前が思い出せなくて、お稽古の時に「タツ！」って言ったんですよ。そしたら、「なんでお前、いまタツって言うたんや？」って。思い出せ！言われたけどダメで。「今日はもぅタツでやったらええわ」と。お稽古終わってから、そばにいた兄さんに「あれな、タケや」って教えてもうて。次のお稽古で「おぉ、タケ！」言うたら、師匠が「待て。おまえ、タツでいったんと違うんか？タツでやりぃなって」。だから、なんちゅうか。柔軟さって僕が言うたら失礼ですけど、師匠のバランス感覚みたいなのはありますね（笑）。

米二　なんでタケが思い出せへんねん？

二豆　どうしても出なかったんです。お稽古って、もぅ極限状態なんですよ。

二乗　頭が麻痺する感じじゃない？

二葉　頭、ほんまにおかしなりますよね。でも、二豆さんなんか優秀やから。ネタ、すぐ覚えはる。3年間でいくつ覚えた？

二豆　13ですかね。

二葉　私、7つやって。

二乗　俺は10やから。

米二　二豆は覚えはたしかに早かったけど、変な訛りあるし、口調は古くさいし。こいつも問題はありますね。

二葉　ふふふふ（笑）。ごめん、いらんこと言うて。

――米二師匠は修業明け以降の二葉さんをどんなふうに見ておられますか？

米二　年季明けから何年かして、誰が言うたか忘れたけど、「二葉はひょっとしたら化けるんちゃいますか」と。そこまではいかへんやろうと思てましたけど、化けましたね。あの、ええ意味で化けるっていうんです、我々はね。テレビのレギュラーができるなんて思いもよらんことですからね。その前にニューヨーク・タイムズの取材がびっくりしたけどな。英語でインタビューされて。ただね、今は注目されてるけども、この先もそうあり続けるには相当な努力がいると思う。だから、これからですよね。

小佐田先生と一対一で落語のはなし

桂米朝一門にとりわけ縁の深い落語作家であり、上方落語界の〝生き字引〟こと小佐田定雄さん。二葉さんにとっては師匠にぶつけにくい質問を心置きなく聞ける〝先生〟であり、家族（一門）ぐるみでお付き合いのある〝親戚のおっちゃん〟的存在。そんな小佐田先生と、この日はじっくり落語の話。ところは京都・東山の安井金比羅会館にて。半世紀以上にわたり「桂米朝落語研究会」が開かれるいわば米朝一門の修業場で、米朝師匠に思いを馳せつつ。

米朝師匠は差別のない、
枝雀師匠いわく「わたくしのない人」

米朝イズムを伝える学びの間

二葉　ここの〝こんぴらさん〟（桂米朝落語研究会）は、米朝師匠がやってはった時は、先生、毎回来たはったんですか？

小佐田　来てた来てた。最初は学生の時やから、50年以上前。

二葉　すごい！ここ（私たちが座っている後方）に舞台があって、上手（かみて）の一室が楽屋になっていて、そこから米朝師匠が見てはる。

小佐田　演者は落語してる間に、目線がだんだん楽屋へ向いていくんや。米朝師匠は落語観ながら、あかんとこを手元の紙にメモしはるねん。

二葉　で、またその様子が高座からも見えるでしょ？

小佐田　そう。わりとガサガサッと書かはるから。で、終わってから出演者全員が楽屋に集まって反省会。端から順番に、一人ずつ。

二葉　あ～、怖ッ！

小佐田　当時、枝雀師匠（二代目桂枝雀）でさえ正座して。「はてなの茶碗」をやった時、清水の音羽の滝の和歌について、「あんなんもっとゆっくり詠まなあかん。お前みたいにサーッとしゃべったらあかんねん」って叱られてはった。下の弟子になると、もう〝てにをは〟から直される。「あそこは〝は〟やないか！」とか「イントネーションが違う。言うてみぃ」とか。米朝師匠はそういうのを全部メモしたはる。ありがたいけどね、絶対にほめへんのです。もぅ小言ばっかり食らわされるから、いっぺん枝雀師匠が「たまにはちょっとほめてくれはっても…」って米朝師匠に言うと、「いやいや、できてるとこはほめんでもできてるからえぇねん」と。あとは、芸談みたいな「昔は誰々さんがこんなんやってたで」とか、「あの人のこの噺は聴いたことないんか？」とか。

二葉　あぁ、ええなぁ…。

小佐田　みんな、そこで勉強してたから。出番のない人もいっぱい来てた。だからめちゃめちゃ緊張の場やけど勉強の場。雀三郎さん（桂雀三郎）はよう私の創った新作をやってくれるねん。すると米朝師匠はペンを放り出して、わろて楽しんではんねん。（新作は）教えてないから自由にやってええ。反省会やってても雀三郎さんは飛ばされて「僕、出てたんですけど…」言うたら、「おまはんは小佐田と反省しとけ」って。

二葉　ハハハハハ（笑）。へぇ～！

小佐田　古典についてはやっぱり、こうしたらあかん、こうやらなあかん、っていうのが米朝師匠の中にあったし、それは伝えとかなあかんっていうビジョンがあったんでしょうね。叱るとなったらほんまに叱らはる。そういう意味では差別のない人やったからね。枝雀師匠がよぅ言うてはったのは「わたくしのない人」って。つまり「ついつい自分やったら、この子に言うてもわかれへんやろし、じゃまくさいし、恨まれるかもわからんさかい、言うのやめとこか」となる。ところが米朝師匠は「これは言うとかなあかんことやから言うときます」っていう人やった。だから（女性の）あなたが出てきても何の偏見もなく、「おもろかったらえぇやんか」と。今も生きてはったら（あなたの存在を）喜んでた、おもしろがってたんちゃう？

二葉　そうですかねぇ？お稽古つけてほしかったってすごく思います。一緒にお酒とかも、飲みたかったです。

もしも米朝師匠がいはったら

二葉　今ねぇ、こう自分で言うのはアレですけども、NHKの賞取らしてもらったり、なんやいろいろね、（私の落語を）ええよって言うてくれる人が増えてきたかなと思うんですけど。この今の私の感じを米朝師匠が見はったら、どう思ってくれはんのかな？って。すごい聞いてみたいんです。米朝師匠は〝女の落語家はなぜいないか〟みたいなことを（著書『落語と私』で）書いてはるじゃないですか。女性に落語は難しい、と。私は結構どストレートに落語やってる気ぃでおるんですよ。米二から教えてもらったまま、まっすぐ投げてる感じがするんですけど、それ見たら米朝師匠は…。

小佐田　それは多分ね、「あ、こうなるか！これやったらええねん」って言うてはると思うねん。米朝師匠は〝落語は女の人には難しい。それは男の人のために作られた芸能やから〟いうふうに書いてはったけど、それは決めつけてるわけやなしに、過去の経歴を見てね。戦後の昭和20～30年代頃も女性の噺家は東京に何人かいてはった。でもみんなね、落語をするかせんかの数年で結婚したり家庭に入ってやめてしまう。

二葉　それを見たはったんですね？米朝師匠は。

小佐田　見ててん。浪曲とか義太夫も女性の演じ手がいて、〝娘義太夫〟なんて男の義太夫より人気あった時代があるわけやから。ほんなら、落語はなんで女性には無理なんかな？と。それを分析して、結論を出したんがあの文章やねん。でも、〝女性の落語家を否定はしません〟っ

米朝師匠ってやっぱりすごい
未来を決してつぶさない、可能性を残してはる

ていうのも書いてはって。

二葉　そう、私ねぇ、あそこもうバッチリ線引いてたんですよ、落語家なる前に。〃わたしは女性の落語家を否定はしません。かならず、女がやるならそのやり方があるはずです〃って。で、そういう落語家を期待します、みたいなことも書いてはって、米朝師匠ってやっぱりすごいなぁと思って。未来を決してつぶさない、可能性を残してはるところが。

小佐田　立証してみないとわからへんいうことやね。完全にダメです！とは言わない。ただ、自分が育てるのは無理やって言うてはって。それはなんでか？いうたら、ノウハウわからへんから。当時の女性の噺家さんっていうのは、最初は男もんの着物着て角帯締めて、髪の毛も短くして、男の調子でしゃべるわけです。性別を男に変えてやってるっていう感じで、これが第一段階。その次に女性の着物着て、女性の髪形でやる代わりに、古典そのままやなしに、登場人物を女性に置き換えたり、女性が主役の創作落語、例えばOLの話とか、女子会の話とかをやりだした。で、このままいくかな？と思ったら、あなたが男のやってる古典落語をストレートに、女性の着物着て、声の調子も特に男っぽくせずにやって評価されたんです。あなたの前にもそういう形でやってた人がなかったとは言われへんねんけども、(結果が違った)原因は何かな？って考えてみると、きっと先入観やねん。

二葉　そうですよね！それはやっぱめっちゃ大きいと思いますね。

小佐田　最初に女性の落語家の高座を聴いた時は、「え！女の人がやってるやん」って、そこで客が引く。原因は三つあると思うねん。一つは〃落語は男がやるもの〃っていう先入観が観客にあって、「これ、ちょっとちゃうわ」って違和感が出てくる。「おかしいな、こんなん落語とちゃうで」と。で、噺家仲間も「女流やったらネタもそないにきっちり教えんでもええ、男が教えられへんから好きなようにやりぃな」って言うてしまいがちやねん。ほかの男の弟子と比べると、どうしてもちょっと甘なったかもしれない。つまり、仲間内も女の子は色物的に扱う。そして一番大きな原因は、本人が「あぁ、私やっぱり違うねんな」と。無意識に「私は女やから、違うことやらなあかんのかな？」と思って、無理して太い声出したり、主役を女性に変えてみたり、創作でやってみたりして。しばらくこのスタイルが続いて、普通にやったらどう？いうふうに気がつくのに時間がかかった。で、あなたは米二という噺家の元に入った。実はこれが大きなことなんです。これ言うたら他の師匠に悪いけども、彼やなかったら「女の子だからそれでいいよ」とか妥協してね「それ以上は無理やろうから、そこまでいかんで大丈夫」って言うてたかもしれん。でもあなたの師匠はそれを許さない。彼ぐらい古典(落語)に対して妥協せぇへんやつ、いてない。恐ろしいな？

二葉　恐ろしい(笑)。いや、本当にうちの師匠やからですよね。

小佐田　だから、この人をほめてあげたいのは米二を師匠に選んだこと。で、もぅ泣くほど稽古させられたんやな？

二葉　泣きました、めちゃくちゃ。

小佐田　だから、もしちゃーちゃん(米朝師匠)が生きてはって、「二葉やるらしいな」言うて、ここ(金比羅の研究会)の楽屋で観てたら、「そうか、こうやるか！」と言いはったと思う。つまり、「どうしたら女性の落語家が一人前になるか、世界に評価されるかは、わしもわからへんかった」と。それもあなたは噺家だけやなしに、もっと大きな世間に評価されて。その答え見たら「おもろいな」って言うと思う。それはまぁ、あなたというタレント(才能)がいてたのも大きいと思うけれども、やっぱり米二という人が妥協せずに、「古典落語の課題をクリアしなさい」と厳しく稽古したから。それこそもう最初はよぅ詰まってたもんな？

二葉　めっちゃ詰まってました。あと、固まって。ほんで先生によぅ言うてもらったんは「楽屋で緊張したらえぇ。舞台上がって緊張せんでえぇ、一人だけなんやから」って。

落語は夢の世界みたいなもの

小佐田　米朝師匠がいてはったら、それこそ「どんな噺好きやねん？」とかいうような話をしてくれたと思うよ。

二葉　そうですよね。こないだ先生にうかがった「仔猫」の話とかね。おなべが自らの奇病について番頭にバレたと気づいた瞬間は(噺の)どのあたりか？って。そんな話とか、米朝師匠としたかったです。

小佐田　あなたの発想は我々の思ってる落語と違う視点で入ってくる

時があるねん。今の「仔猫」の話も思てもみなかったことを気づかされるねん。けど、そう思うのが自然やな。ネタに対してどう考えるかは人それぞれの立場とか年齢、世代でちゃうかもしれへん。特に「仔猫」の場合、我々男性は女性の恋愛感情ってわかりませんよね。番頭の気持ちは一応わかるけど。勝手に作ってきた男世界のおなべという存在をあなたは自分に寄せて、「私やったらどうするか?」から考えていく。

二葉　そうなんです。私はおなべどんが好きやから「仔猫」やろうと思って。でも逆に、旦那が下手くそすぎてねぇ、先生。

小佐田　でもな、そんなん全部できたらおかしいねん。あんまりいいことやない。いわゆる〝八人芸〟で、一人でぎょうさん克明に演じ分ける人もいてる。でも、それは落語ではやったらあかんのですよ。メインのキャラクターをしっかりやって、あとはぼやっとしてたらええねん。記号やから。旦那という記号。「これ、静かにせんか」というその言葉だけでええねん。そんなに克明に詰められたら苦しいよ、落語って。

二葉　そうか!なるほど。

小佐田　枝雀師匠も言うてはった。「落語は夢の世界みたいなもんやねん」て。夢の世界ってそうやんか?ハッキリしてるのは一点で、あとはもうぼやっとしてる。あなたの「仔猫」やったら、おなべという人にピントが合ってて、あとは番頭がちょっとくっきりしてて、旦那とその他はぼんやりして、それで成立してる。全部クリアやったら聴いててしんどいねん。落語は誰をつかまえるかや。

違和感は大敵。共感があればこそ

二葉　ちょっとさっきの話に戻るんですけど、私は〝女性に落語は難しい〟と言われているのは、なんかおかしい気がして。だって若い男の人でも、しゃべってる落語と自分が全然合うてない人もいるじゃないですか?男の人でも難しい人がおるんやったら、ラインはむしろ一緒。男の人でも女の人でも難しい人は難しい、という捉え方をしてて。だから、女やから難しいっていう感覚があんまりない。

小佐田　江戸や明治の時分は、女性というものはキレイなままで、あんまりおどけたりしないもの、という時代の空気があったはずやねん。明治にも女性の噺家はおったけど、どちらかというと講釈に近い。〝笑わせる人〟もいてはったに違いないけど、数が少なかったんですね。

二葉　小学校の時もいちびってんのって男の子なんですね。女の子がいちびったら、ちょっとイタイって思われる感じがまだ残ってる。それが女性がアホをやりにくい理由の一つやと思ってるんですけど。でも、私はいちびれる人にあこがれてたんで。それが今ね、こう爆発してるんですけど。

小佐田　その迷いがないのがきれいなんやろうなぁ。

二葉　迷いがあったらバレますもんね、絶対。心にね、ちょっとでも引っ掛かりがあるとあかんのですよね。

小佐田　昔の女性の噺家が違和感を持って見られたのは、先入観もあるけど、やっぱり本人が恥ずかしいというか、どっか引っ掛かってんねんね。「女の身でこんなんやって、親が泣いてる…」と思ってたらできへんわ。そこを「私、おもしろいと思てますねん、これでいきましょうな!」と言うたら、客も「そうやなぁ~」って。

二葉　いきましょうな!っていいですね(笑)。

小佐田　これも枝雀師匠が言うてはったことやけど、「少なくとも自分は人を笑わしてるつもりはない。笑われてるつもりもまったくない。一緒に笑てるつもりです」と。それが空気を作る芸やと。映画みたいに作って流して終わりやなしに、落語は目の前でやり取りする芸やから。先入観でその場の空気がバラバラッと崩れたら終わりなんや。それをどう取っ払っていくか?

二葉　よう言われるのは、(演者が)女やったら女の登場人物がやりやすいと。でも、そういうことじゃなくてね。私は性別よりも、この人はどういう人か?っていうキャラクターの方が大事やと思ってるんですよね。例えば「らくだ」のセリフで、「俺も男や。ほげた引き裂いてでも流し込まなわからへんねやさかいな。見事飲むな!」っていうのがありますよね。私、あのセリフね、「俺も男や」っていうのはあんまり言いたくない。なぜかというと、男でも女でもほげた引き裂いて流し込む人おるよな、って思うんですよ。別にその、なんちゅうのかねぇ。決めつけんでぇ、っていうか。

小佐田　それは、落語の成立した段階やろうなぁ。

二葉　でも、その当時にだってね、ほげた引き裂いてでも流し込む女

「私、おもしろいと思てますねん、これでいきましょうな!」言うたら、客も「そうやなぁ~」って

の人がいたかもしれへんし（笑）。

小佐田　でも、それは一般的やなかったかも。今やったら男の方が「もぅ姉さん、帰りまひょうな」って、そういうの見たことあるわ。つまり、その時代のお客さんがどう思うか？お客さんが違和感持ったら違う。でも、そんなんいてるいてる！っていうのはかまへんのですよ。落語は何もない芸やから。見て華やかなこともなければ、大きな動きがあるわけでもないし、歌うたうわけでもなし。しゃべってみて、「おぉ、俺と一緒や！」とか「こいつ、お前と一緒やないか！」とか、そうした共感で成り立ってる芸なんで。そこのリアルさがあれば。

二葉　先生って、そもそも何がきっかけで落語に出会ったんですか？

小佐田　深夜放送。ラジオの深夜放送で笑福亭仁鶴という人がしゃべってるのがめっちゃおもしろいと思って、落語を観に行ったらもっとおもしろい人がぎょうさんいてた。それが六代目松鶴、米朝、三代目春團治、五代目文枝…当時の小文枝という人で。落語ってえぇもんやなと思ったのは、小米時代の枝雀師匠がやってた「天神山」を聴いた時。あの、狐を助けてやるっていう噺ね。それまで落語はお笑いだと思てたんです。でもその時、ちょっとえぇとこあんなぁと。これはただの芸やないなと思って。そこから聴き直したのが米朝師匠の「たちぎれ線香」であるとか「百年目」であるとか、文枝師匠（五代目桂文枝）の噺とか。聴いていくとおもしろいだけやなしに、どこか心をひくものがある。で、いっぺん聴いたら同じ噺はもう聴かなくていいというんやなしに、もうストーリーは知ってるねんけど、みんなもぅいっぺん〝あいつ〟に会いたいねん。

二葉　あぁ～！

小佐田　あの、出てくるやつに会いたい。あの、変なこと言うやつに会いたいねん。といって、そいつと対面でお付き合いするのは嫌やけども（笑）。

二葉　たしかに（笑）。対面で会うの嫌な人いますよね！「胴乱の幸助」のおやっさんとか、めっちゃ嫌やわぁ（笑）。あれ、父親やったら…。

小佐田　よそにおったら、まぁおもしろい。

二葉　でも私はやってる方やから、その感覚があんまなかったかもしれないです。

小佐田　あ、そうか。でもやってる時に「この人になりたいねん！」とか。

二葉　あぁ！あります、あります。

小佐田　それが（観客と演者で）ピタッと合う時もあるし、違う時もある。これは演者本人が気がつかないところで、観客に「あそこよろしいな！」と言われても本人がキョトンとしてる時がある。受け取る側も千差万別やから。でもやっぱりメインで演じてるキャラクターはみんな共感しますよ。だから「二葉ちゃんのこの噺が聴きたい！」というのがあって、「あんなパターンの人、まだいてるんでしょ？新しいストーリーが聴きたい。新しいネタないの？」ということになってくる。

二葉　落語って、ほんまおもろいですよね。

小佐田　誰が考えたんか知らんけど、すごいと思う。

二葉の「らくだ」、それから

小佐田　あなたが「らくだ」をやるって聞いた時（P90）、最初は「こいつ、ほんまのアホやな。どないすんねんな⁉」（笑）と思うて…。

二葉　でも、それ狙いやったんですよ。「こいつ何考えてんねん？」って思てもらうのが狙いでね。先生、私ね、あのネタおろしの時の「らくだ」は文之助師匠（三代目桂文之助）に教えてもらった通りやったと思うんですけど、ちょっとね、私にはあの熊五郎が怖すぎるなぁと思って。もうちょっと滑稽な感じに、『じゃりン子チエ』のテツみたいな過激やけどもかわいげがある感じにしたいなって。

小佐田　そやね。どっか抜けてるというか、許したらんとな。そうやなかったら、ただの無茶もんで怖いだけやから。

二葉　どっかで情がないとダメやと思って。

小佐田　「らくだ」は、みんながいろんな工夫してやってる。噺家ごとに紙屑屋も熊五郎も全部ちゃうもんなぁ。

二葉　私、アレ入れてるんです、先生。紙屑屋が酔っぱらって、カミソリでらくだの髪の毛剃るところで、地肌切って血ぃ出る。で、「痛ぅない、大丈夫」って言った後に、「大丈夫やな？」ってらくだを気遣う一言を入れてる。「大丈夫やな？…何も言うてへん、大丈夫」って。

小佐田　死んでるから答えへんねんけども（笑）。

二葉　うちの師匠もそうですけど、こぅポッと入れた一言がやさしかったり、その一言で印象変わったり。なんかね、そういうことができるようになりたいです。

男でも女でも、
ほげた引き裂いて流し込む人はおる

あなたは青空みたいなアホ
背後に、青空が見える

落語は最高のエンターテインメント！

小佐田　一つのネタをずっとやっていて、そないして引っ掛かるとこが出てきたら、その落語は自分のものになったんですよ。人から教えてもうた通りに繰り返してるだけやったら、それは持ちネタと言わない。自分が何かに引っ掛かって、「ちょっと違うから何か言うてみよう」とか「元へ戻してもぅいっぺんやってみよう」って試していくことで持ちネタになる。噺家はただただ教わった落語を発表しているスピーカーではないんですよ。その世界を作ってる人やから。

二葉　お稽古してる時も、この人（キャラクター）はどう思たはんねやろ？とか、そういうことを考えるのがおもしろいですよね。

小佐田　落語家っていうのは演者であり演出家である。全役演じることができて、端役を引っ張り出して大きくすることができるし、突然始めることも突然終わることもできる。

二葉　最高ですね。

小佐田　最高のエンターテインメント。扇子とてぬぐいだけで世界を描ける。ふっと見上げたら山があるし、海も見える。で、家にもなるし。日本人ってほんまに変なこと思いつくなぁ。

二葉　かっこいい芸能やなぁとほんま思う。

小佐田　で、しゃべり終わった後、立ち上がって帰っていくねんもんな。

二葉　無表情で帰る人もいるしねぇ。うわ～！やっとってねぇ？

小佐田　枝雀師匠は「暗転が理想なんですけどな」って言うてはった。もうどうやって帰ってええかわからん時あるって。ものすごいサゲ言うた後にお辞儀して、客席も泣いてる時にスッと立ち上がって帰っていくなんて…。

二葉　枝雀師匠は、スタスタスタスタッて帰っていかはりますよね？

小佐田　ふらふら帰っていかはる。その帰り方も…。

二葉　かっこいいですよね。

小佐田　かっこいいなぁ。

二葉　私、あかんかった時、走って帰ります。もぅ見んとってください！いう感じで（笑）。

小佐田　わかりやすいなぁ（笑）。15分やったら15分、噺家は初舞台でもその時間は自分一人のもんやもんな。演劇の世界やったら、通り過ぎるだけとかセリフない場合もあるから考えられないですよ。噺家は全部一人で一幕やるねんからな。あなたはいい仕事につかれた。

桂二葉は宝もの。どうかこのまま…

小佐田　今、あなたは幸せなことに、テレビに出たりすることで、一般の噺家が見られない世界を見ている。これはものすごい大事なことやと思う。ほいでほかの世界を見て帰ってきた時に、こっちに落語がある。タレントさんやったらテレビ界でなんとか生きていかなあかんけど、噺家はそこでしんどなったら落語があんねんから。

二葉　その安心感はやっぱりすごくありますね。

小佐田　それやからね、落語家ってやっぱりテレビに出てもどこか上品なんです。落語があるから他のタレントよりもギラギラしてない。それは僕は構わないと思います。特にあなたはギラギラして向こう（テレビ界）行ってもらったら困る。女流という枠を外して、新たな落語を切り開く可能性があるから。〝桂二葉〟っていうものすごい大きな可能性が出てきた。だからできるだけ落語の世界にいてほしいなと。

二葉　やっぱ、落語をやるのが一番おもしろいと思てますから。最近よぅ言われるんですよ。なんか「テレビ出たかっただけか？」みたいな。それやったら米二のとこ行くわけないやろ！って思いますね…。

小佐田　そうやなぁ、もっと手軽にいけるとこあんねんもんなぁ（笑）。それはもう、わからん奴はわからへん。もちろん向こうの世界を見たからといって自慢するわけやなし、見方が変わってくるわけで。もう怖ないわけや、はっきり言うて。落語は一人の芸やから、自分さえしっかりしててくれたらええねん。このままずっとアホを貫いてくれたら。

二葉　がんばります。

小佐田　いいアホを。あなたは青空みたいなアホやねん。

二葉　青空みたいなアホ！うわっ、うれしい…。

小佐田　背後に青空が見えるねん、あなたが出てきたら。「天狗さし」で主人公が歩いてても、天気えぇんやろなぁと（笑）。カーン！と、曇りがないアホっていうかね。アホっていう言葉に

二葉がぃてるから、もう心配せんでもええなぁと

引っ掛かってくる人もあるけど、言うたら子どもなんや。つまり、知能がどうのこうのやなしに。子どもって無邪気で素直やけども、ものすごいょうわかってる。あなたもそういうとこあって、ちょっと悪い「黒二葉」の部分もあんねんけども、でもやっぱり子どものキャラクターみたいなんを持ってる。

二葉　先生私ねえ、純度の高いアホを目指してるんです。

小佐田　いいねぇ！混じりっけなしの？

二葉　はい！アハハハ（笑）。そうですね。嘘のない、というか。

小佐田　たいていの人は常識の中で生きてんねんけども、あなたは常識を外して見てるんで。そこがやっぱりあこがれかもわからへん。みんな、そうなってみたいけどなられへんねん。ほんまは（「天狗さし」の主人公みたいに）天狗とりに行きたいねんけど、行かれへんから代わりに二葉ちゃんが行ってくれて、天狗つかまえて、それをみんな「アホなやっちゃな～」って言いながら、実は自分も天狗刺したいはずやねん。そこに共感できへんねやったら、あの噺なんかないよ。そういう意味では、落語のアホを愚かな人、ダメな人として描いたらあかんねん。あなたみたいにあこがれてる、なりたいっていうのが正しいやり方やと私は思う。米朝師匠はツッコミの側の人やったけど、やっぱアホのやつとか、ものすごいうれしそうな顔してやってはったから。

二葉　へぇ！あの「天狗さし」なんか、私、今はね、天狗がいぃひんこと知ってますけど、高校生の時やったら、ちょっと危なかったと思う。クラスメートに喜六（「天狗さし」の主人公）がおったら一緒に天狗とりに行ってたかも。だからなんか、あんまり他人事と思われへん。

小佐田　これは貴重な人やね、君は。でも、それは夢があって。常識でカタまってる人をほわっとほぐすのには一番いいアホ。みんながあこがれる自由な人。でも、あんなんなったらあかんという人（笑）。それを落語の世界で見せてくれてるっていうのは貴重な存在やと思いますで。たいていの噺家はこしらえるんですよ、アホを。つまり養殖ボケ。難しく考えて、こうやったらウケるんちゃうか？とか企んでやるんやけど、あなたは天然です。

二葉　ふふふ（笑）。天然もんか！

上方落語の未来は、きっと明るい

――小佐田さんが今後の二葉さんに期待されることは何ですか？

小佐田　このまま育っていくっていうか、今の志を忘れずにずっと落語家でいてほしいと。ファッションモデルになってもいいし、歌手になってもいいし、なりたいもんあったらそれはそれでいいけども、噺家でいることからは絶対離れてほしないなと。多分、可能性はいっぱいある。歌うまいしね。で、リズム感むちゃむちゃあるから。ミュージシャンとしてもいけんことはなかろうと思うけど、でも落語やってほしいな。で、桂二葉でいてほしい。それさえ守ってくれたら、もう何をしていただいても。

二葉　ありがとうございます。

小佐田　何をやっても落語に損になることはないと思う。噺家ってものすごく強い、得なもんなんですよ。能狂言、歌舞伎、文楽などの人のとこ行っても、噺家やったら許して会うてくれたりする。「米朝の孫弟子ですねん」て言うたら、一番のパスポートやで。

二葉　たしかに、そうですね。

小佐田　次の世代には二葉がいてて、落語がつながるっていうことがわかったから。もう心配せんでもええなぁと。

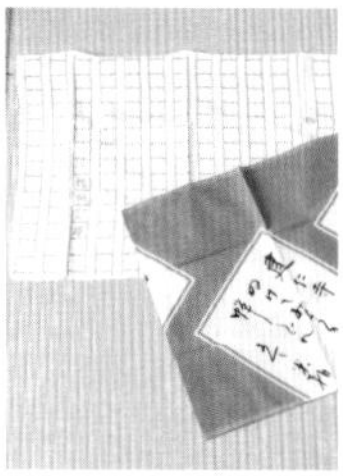

小佐田定雄（おさだ さだお）

落語作家。桂枝雀に書いた新作落語「幽霊の辻」をはじめ、これまで手掛けた新作落語の台本は250席超。近年は狂言や文楽、歌舞伎の台本執筆も。『米朝らくごの舞台裏』『上方らくごの舞台裏』（共にちくま新書）など著作多数。
（右）二葉さんが大切にしている米朝師匠のてぬぐい。小佐田さんのてぬぐいは原稿用紙がモチーフ。

二葉さんに“しょーもない”質問 (1/4)

Q1. 星座は？　A. しし座

Q2. 干支は？　A. 寅

Q3. 血液型は？　A. O型

Q4. 生まれた時の体重は？
A. 3,320g

Q5. 好きな色は？　A. ピンク

Q6. 好きな映画は？
A. 「サニー 永遠の仲間たち」※1

※1　2011年公開の韓国映画

Q7. すきな本は？　A. 「大阪弁 ちゃらんぽらん」※2

※2　1978年に刊行された田辺聖子著による大阪弁の魅力を記したエッセイ

Q8. 好きな漫画は？
A. 「じゃりン子チエ」※3

※3　1978年に連載が開始された漫画。作者ははるき悦巳

Q9. 好きなアーティスト（歌手・パフォーマー）は？
A. 戸川 純

Q10. 好きなアーティスト（美術家）は？
A. 山下雅己※4

※4　セラミックヒューマンと名付けた陶作品をはじめドローイング、アニメーションなどを創作する美術家。

Q11. 今一番好きな曲は？
A. 「外は白い雪の夜」※5

※5　1978年に発表された吉田拓郎の楽曲。作詞は松本 隆

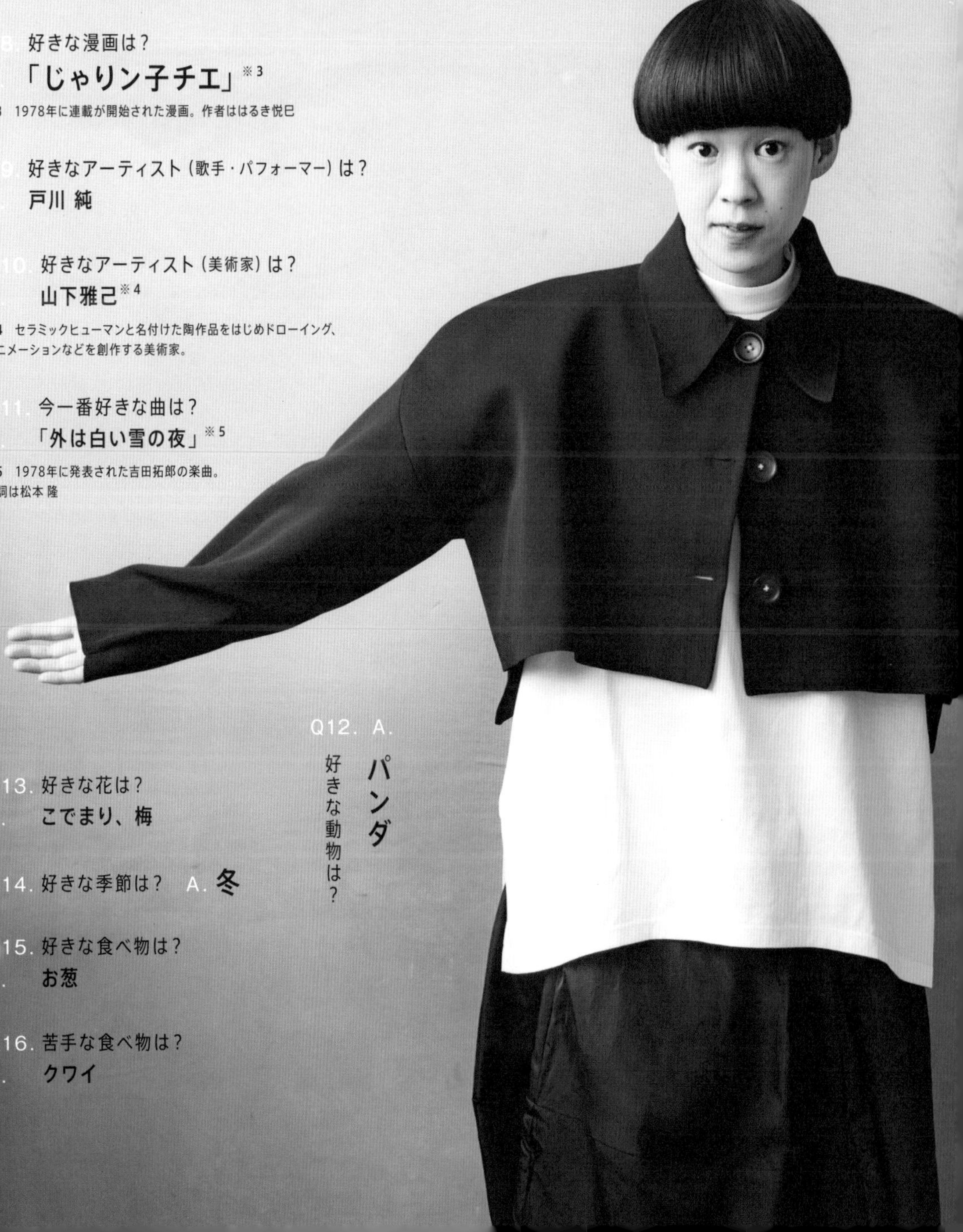

Q12. A.
好きな動物は？
パンダ

Q13. 好きな花は？
A. こでまり、梅

Q14. 好きな季節は？　A. 冬

Q15. 好きな食べ物は？
A. お葱

Q16. 苦手な食べ物は？
A. クワイ

nswer the question answer the question answer the question answer the q

演芸写真家橘蓮二さんが見つめた桂二葉

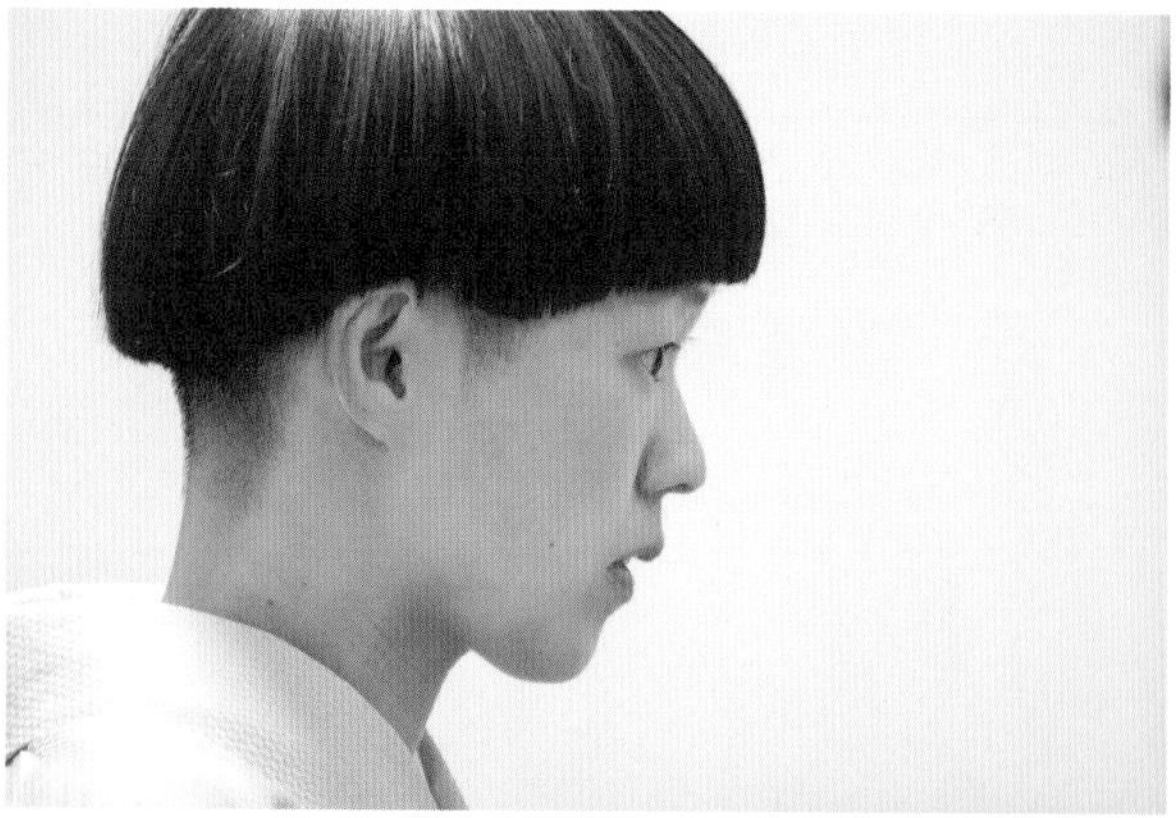

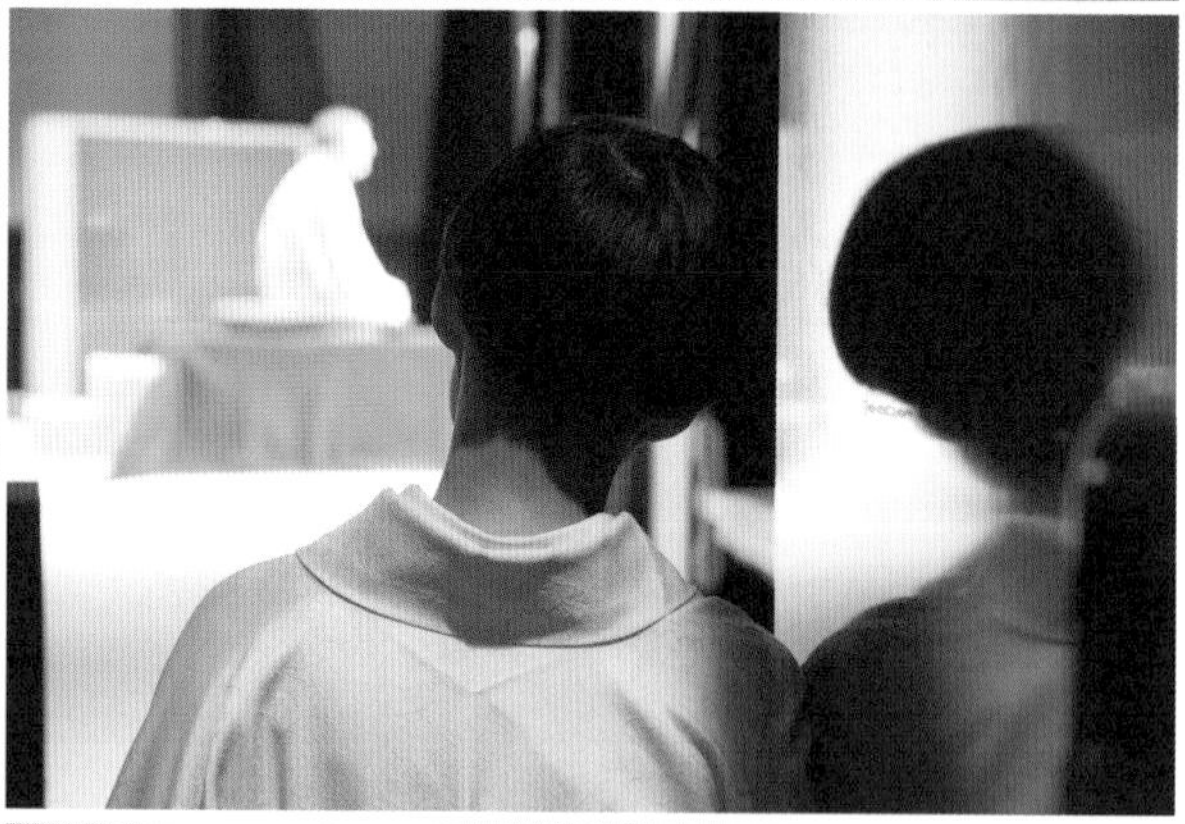

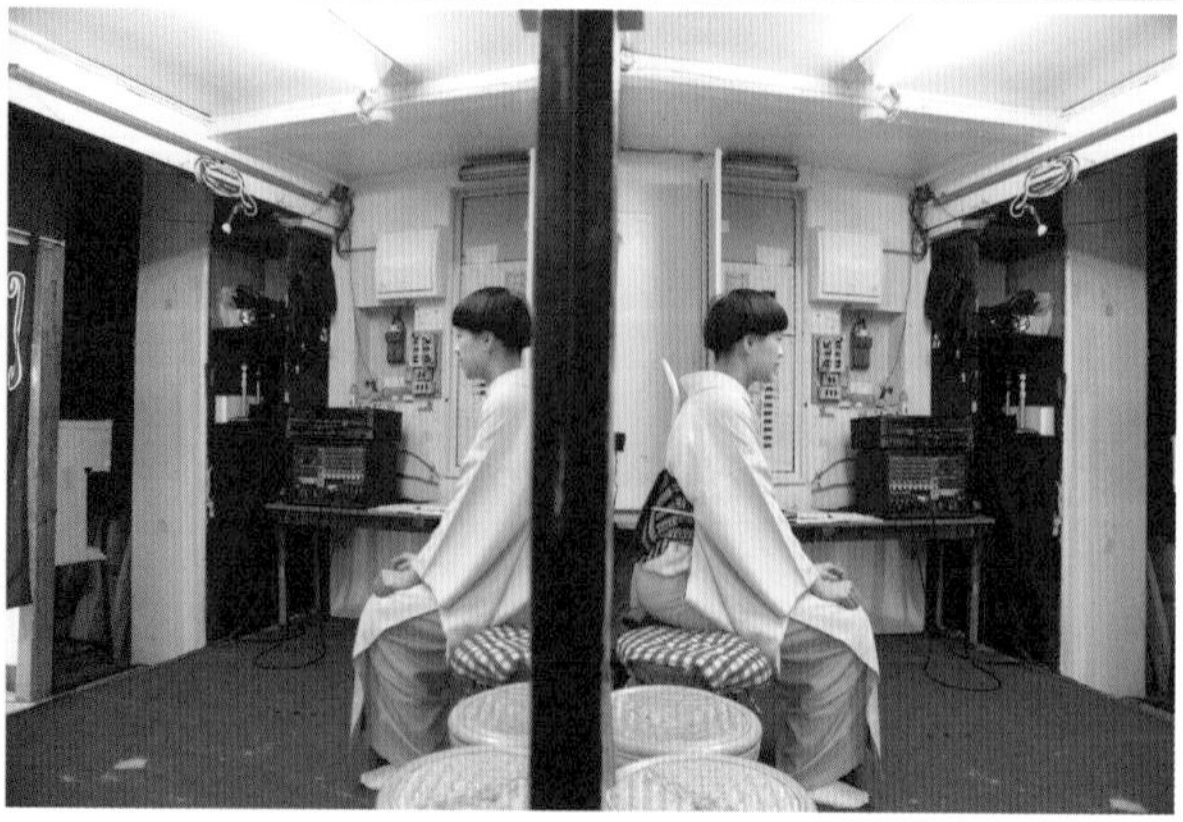

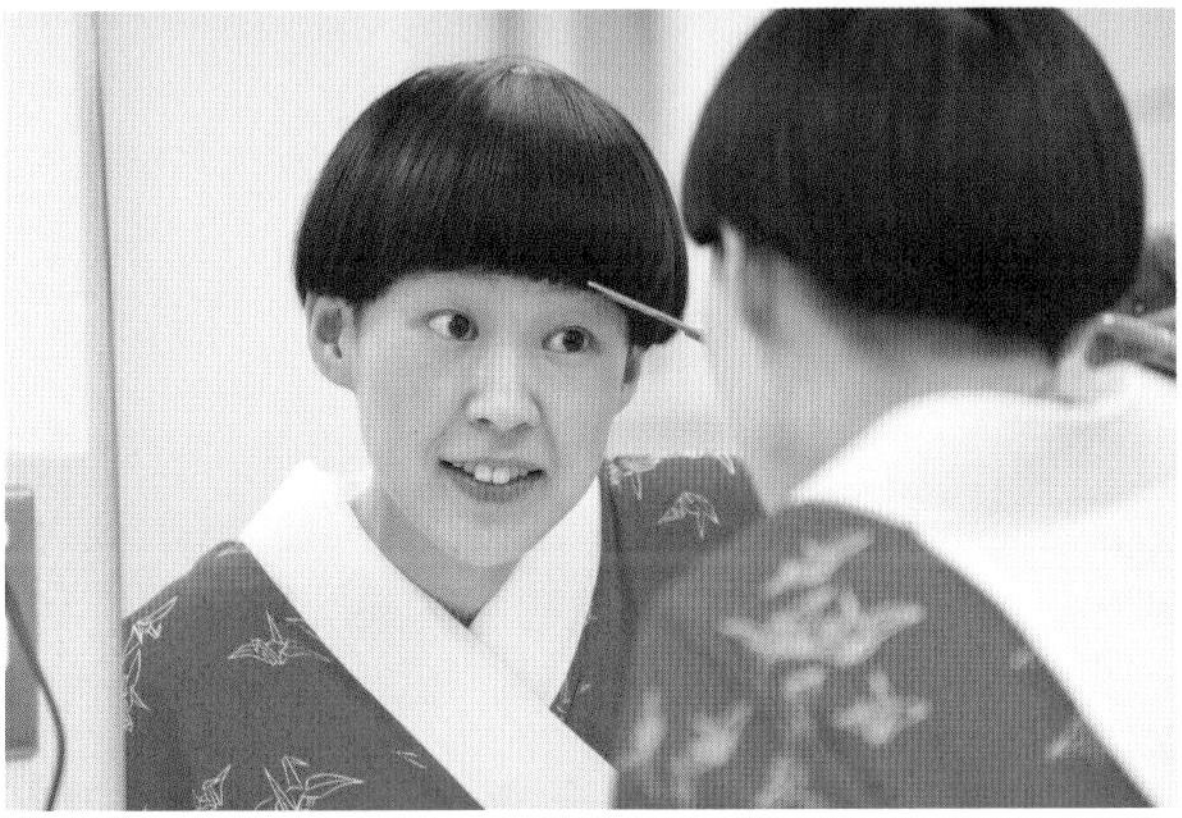

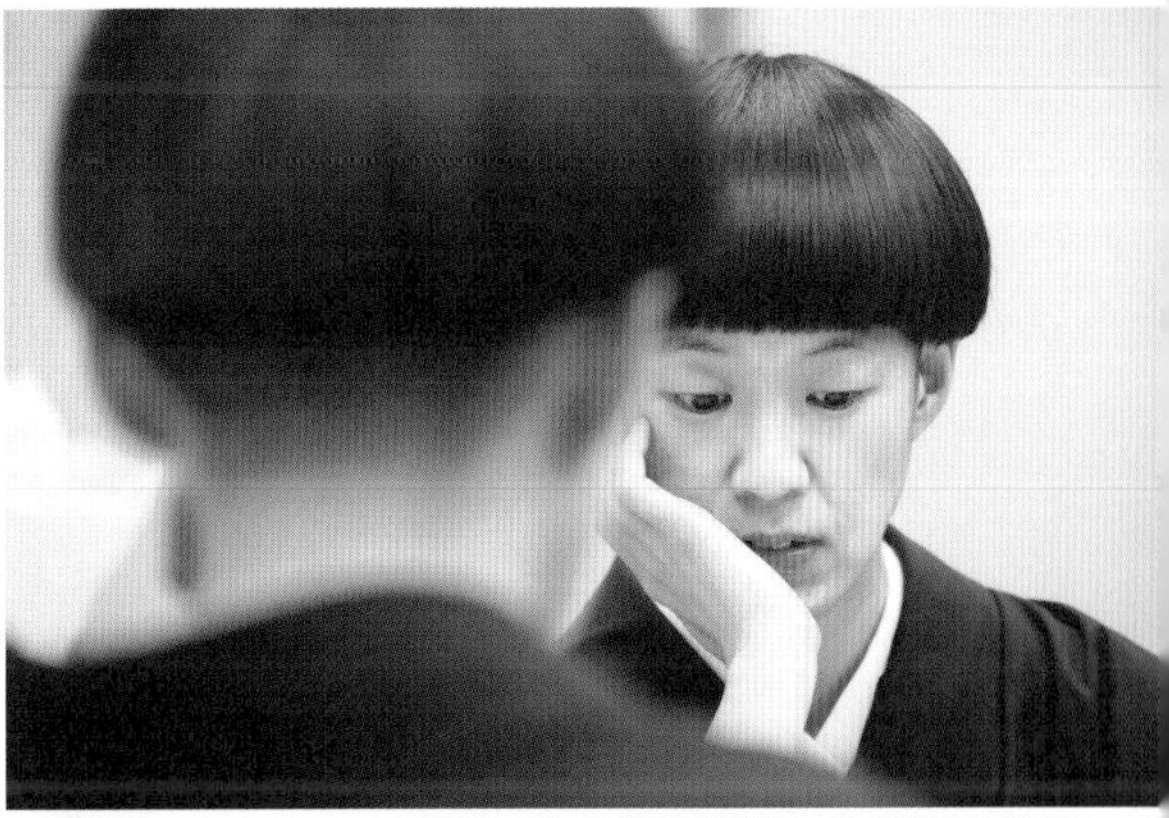

『純真無垢な落語』

桂二葉さんの落語には今日を生きることへの確かな手応えがある。凛とした透明感と温もりある知性を兼ね備えた真っ直ぐな高座を目の当たりにすると佇んでいた心が兆す。そして笑い合える明日を信じたくなる。人生経験を重ねるとは様々な矛盾と同居すること。日常を生きていく上では悪意なく真実と嘘は無意識にすり替わり知らぬ間に世知に長けた自分の姿を見つける。いつの間にか置き場所に迷い頑なになった気持ちをほぐし解き放ってくれるのが頭でっかちではない世界に息づく落語の登場人物達だ。意味を問うことなく目の前にある瞬間を只ひたすらに生きる物語に暫し身を委ねながら自然と口角は上がっている。中でも愚かさと賢さが程よくブレンドされた落語世界の千両役者〝アホ〟のエンターティナーぶりには世辞とは無縁の爽快感がある。そのワクワクする諧謔精神がもたらす心地よさの源には演者である二葉さんの心の芯にそっと保存されている〝子供の感受性〟を強く感じる。

楽屋で見せる輝くような笑顔、緊張感が支配する袖の暗がりで集中力を研ぎ澄ます真摯な眼差し、負けん気に裏打ちされた高座に於ける勝負強さ、そして台詞や所作は言うに及ばず、その一挙手一投足の全てに込められた落語へ対する嘘のない想い。いつ観ても二葉さんが描く高座からは初々しい煌めくような色彩と新鮮なエネルギーが満ち溢れている。

伝統を受け継ぎながら未来を見つめることは現在を懸命に生きることに他ならない。性別も地域性も超えて躍動する桂二葉さんは無限のエンターテインメント力を持った落語の更なる飛躍を象徴する存在だと思っている。どんな時代も既成概念という王様を笑うのは子供の心なのだ。ずっと観ていたくなる、また会いたくなる、桂二葉さんの屈託のない落語は純真無垢である。

橘 蓮二

Tachibana Renji

演芸写真の第一人者。写真集やエッセイなど落語に関する著書のほか、落語会のプロデュースも手掛ける。二葉さんが落語界を代表する師匠方に挑戦した落語会「桂二葉チャレンジ!!」(2022年〜)も橘さんのプロデュース。近著に『演芸場で会いましょう 本日の高座 その弐』(講談社)がある。

土井善晴先生に聞きたかったこと伝えたかったこと

「いつか一緒に料理番組を…」と、
二葉さんがあこがれる土井善晴さん。
大阪のこと、料理のこと、そして表現することについて。
土井先生の活躍を見つめてきた二葉さんが、
先生に会って伝えたかったこと、
聞きたかったことはこんなこと。

2人の対談は二葉さんが出演する
落語会会場の楽屋で行われた。

土井先生の大阪弁がすごく好きです

二葉　なんかあの、お料理もそうなんですけど、土井先生の言葉が、すごく好きっていうか。あの、大阪弁が。

土井　そう、かな？えっ、二葉さんは大阪弁？

二葉　私、大阪の東住吉区の出身で。

土井　ほんならもぅ、全然、大阪弁やけども。でも落語のしゃべりっていったら、なんていうか、（漫才の）芸人さんの大阪弁とは違う言葉に聞こえますよね。

二葉　そうですね。落語に出てくる大阪弁は、わりとなんか、きれいな大阪弁やと思うんですけど。

土井　そうそう。えぇ大阪弁やなと思う。そのね、えぇ大阪弁が私も好きで。料理屋に勤めてた時、それこそ叱られるいうたら「この、すっとこどっこい！」とか。そんな叱られ方してるから。それが、なんかうれしかったね。「間に合わんやっちゃ！」とかね。

二葉　はい（笑）。なんか、今メディア出てはる大阪の人とか関西の人でも、ちゃんと大阪弁しゃべらはる人ってすごい少ないと思うんです。

土井　私、東京行って25年なんねん、もぅ。だから、たまに大阪帰ってそんなテレビとか見たら、ちょっと見てられへんねん。なんか恥ずかしい気持ちに。

二葉　あ、そうですか。

土井　うん。あんまりにも、あの…場違いな大阪弁に聞こえるよね。テレビから聞こえてくる関西弁は。公でしゃべる言葉と違うでしょ、と。だからライターさんなんかでも、私が話し言葉で「それちゃうやろ！」みたいなこと言ってるのを、そのまま文字に書かれると、えらい下品なおっさんに見えてしまうと。その辺がね、大阪弁いうのは生き物みたいなとこあるんですね。だから、いつもニュアンスを大事にして。言葉は会話の中で生まれるもんやから。私、東京の言葉いうのが、なんかこぅ、感情がこもらない言葉やなぁと思うところがあって。地に足がついてないみたいな。その土地とつながった言葉いうのが地方の言葉やし。大阪弁はやっぱり地球とつながってんな、いう感じがすごくする。

二葉　それを私、すごくうかがいたかったんですけど。あの、（ご著書に）書いてはった。

土井　そうそう。外国におっても、本当に腹立つやっちゃなぁ！みたいな人もおるから。そんな時にフランス語で一生懸命しゃべろうとするよりも、大阪弁でひと言、「何してんの、おまえ！」みたいなことを言うた方がちゃんと伝わるよね。

二葉　あと、先生、カレイの皮目にペケすんのは嫌や言うてはって。

土井　いや、ペケしてんのあるやん。

二葉　あります。でも先生、最近「ペケ」っていう人が少ないです。

土井　あ、そう？（笑）。

二葉　みんな、「バツ」って言わはるんですよ。私、「ペケ」って言って、すごいなんか引かれる時、ちょいちょいあるんですよ。ペケという言葉をみんな使ってない。でも、先生使たはるから。

土井　ペケの方がえぇやん。

二葉　はい！私もそう思います。

土井　バツと言うより、ペケの方が。なんか、マルやしなぁ。

二葉　あはははは（笑）。たしかに、かわいいですよね。

土井　音もかわいい。

二葉　そうなんです。

土井　「お前、ペケ」って言われる方がえぇよね。「バツ」ってなんか、ほんまにこぅ、ねぇ？ダメとされてるみたい。

二葉　希望がない感じしますよね。

土井　ペケ言うたら、かわいいな（笑）。

二葉　はい、かわいいです。だから、そうやって（私が）好きな言葉を、先生が使わはるの、うれしいっていうか…。すごい好きです！

土井　いい言葉を聞いたら、わりと覚えるよね。好きやったら。

二葉　もう一つ先生にうかがいたいのが、ミンチカツってあるじゃないですか？「ミンチカツ」って大阪で言うけど、東京は「メンチカツ」って言いますよね。

土井　なぁ、「メンチカツ」はえぇかっこしてるみたいやなぁ。

二葉　そうですよね！私も思てたんですよ。

土井　ミンチ言え、って。

二葉　はい（笑）。

土井　メンチって、なんかこぅ口ちょっと歪んでる感じするやん。

二葉　なんかイキってますよねぇ？

土井　イキってるイキってる。

二葉　あはははは（笑）。

土井　私もそれはおんなじ。わかるよ。

二葉　あぁ、よかった。うれしいです。普通に言ったらミンチですもんね。

土井　普通やん、それが。「ミンチカツ」って。

二葉　はい。なんかでも、メンチカツがこぅ広がってるんで。がんばってるんですけど、負けそうになる時あるんですよ。あとは、豚まん問題も。豚まんのこと、肉まんってみんな言わはりますし。

土井　豚まんは豚まんやなぁ。

いつも寝る前に先生の動画を見てまして。楽しいっていうか好きです

二葉　あの、いつも私…。気持ち悪がらんといてほしいんですけども、寝る前に、先生のアプリ（『土井善晴の和食』）の動画を見てまして。あれが楽しい、楽しいっていうか好きです。

土井　めちゃくちゃ恥ずかしい（笑）。というのは、私は噺家さんみたいに、あんじょうしゃべってるという自覚が全然ないんですよ。

二葉　いやいやいや。

土井　いや、ほんまに。そして、自分でこんなことしゃべろう思ったら、全然ダメなタイプなんですよ。『おかずのクッキング』いうテレビ番組で、ディレクターが「4、3、2、1」言いはる。その前から、今日はこんなことをしゃべろうと思ったら全然ダメになるから、0になるまでなんにも考えてない。

二葉　そうなんですね！かっこいぃ。

土井　いや、そういう時に出てくる自分が本物で、なんか、過去の自分をもう一回再生するのがめっちゃ下手やねん。テレビの番組で、この料理するから、ここでこんなシャレ言うたらおもしろいやろうな、とか勝手に思うねんけども、それを言うたら必ず失敗するんです。スベるんですよ。

二葉　土井先生がこないだ、あの、メイタガレイは、目ぇが…。

土井　そうそう（笑）。メイタガレイは、目ぇのあいだにツノが、トゲがあんねん。その目ぇを触ったら痛いから〝めいたがれい〟やと。それは話として、別に笑かそうとは…（笑）。

二葉　知らんけど、みたいなん言うてはって。あれめっちゃ笑いました。

土井　そう？（笑）。

二葉　あんなんは、だから、もぅその時に？

土井　そうそう。その場その場で、パッと出てきたことはえぇねんけども。これをいつ言おうか？言おうか言わんとこか…って、一瞬迷うみたいなことがあったら、もぅ絶対あかんのですよ。

二葉　なんか（先生が出演された）『情熱大陸』の時も、お味噌汁の中にカマンベールチーズ入れはるっていうので、「カモン！言うんですよ。言おうかどうか迷った」って言わはって。あれはやっぱりなんか…、すごいすてきでした。

土井　恥じらいがあるからえぇねよね。あれ、恥じらいなく言うたらもぅ、あかん思う（笑）。

こないだ先生が来てはるって わかってやってたんで、 ええかっこな気持ちが出てダメでした

二葉　こないだの独演会は土井先生が来てはるってわかってやってたんで、ちょっとあの…えぇかっこな気持ちが出てダメでした。情けなかったです。

土井　え、ほんま？そんなことなかったよ。あのね、落語家さんもそうやけど、私も、料理するいうのは、自分のすべてをさらけ出してるみたいなことやから。もう怖ぁて怖ぁて。

二葉　はい。

土井　今日の（差し入れの）おはぎなんかでも、もう平気で持って行くようなってるけども。前なんか、自分で作ったものを人に差し上げるいうのは、特に、自分が尊敬する人に持って行くいうのは怖かったんですよ。だから、前もって持って行くって、作る前によぉ言えなかった。できてから、「今から持って行っていいですか？」みたいな感じやったね。

二葉　そうなんですね。

土井　本当に全部さらけ出されてると思うねん。だけど食べる方は、私が気にしていることに気づかないか、あるいはわかってる人は、（私より）もっとわかってるから、気になるところがあっても、あ、今日はちょっと何かあったんかな？って察してくれるもんやと。だから、そこんとこ気にせんでもえぇんちゃうか？というふうに思って。今はもぅほとんど気にしなくなったね。みんな、思い切ってやりはったらいいのになぁと。無難にしない方がいいよと。

二葉　そうですね！はい。

落語が上手ぃ＝料理が上手いってどう思われますか？

二葉　落語家のなかで、共通の説があるんですけど。お料理が上手い人っていうか好きな人は、落語が上手いって。それはどない思わはりますか？

土井　それは当たり前やと思いますよ。お料理いうたら、ニュアンスを捉える力が必要というかね。感性で、食材と対話するみたいなところがあるから。噺家さんも、最初からこんなふうに話をしよう！じゃなくて、お客さんの反応とか、そんなことで話そのものがきっと変わるんやと思うんですよ。だから、〝いつも違う〟いうことを最初から自覚してないと。違うことが起こるんが料理やから。

二葉　なるほど。だから、先生が（著書に）書いてはった、あの、おいもさんにもコンディションがあるっていう。

土井　そうそう。たいていは、人間が自分本位になると、火ぃ強めて、はよお湯が沸くように小さなお鍋にして。強火で湯がいたらはよ軟らかくなるから。でも、そんなんじゃがいもの時間やなくて、自分の都合で料理してるわけでしょ？お料理するいうことは、食材のことを考える時間なんです。じゃがいもに、このぐらいのお風呂の温度でえぇか？かゆいところありませんか？みたいな。

二葉　ふふふふふふふ（笑）。

土井　その、うかがってやるっていうところで、火加減も時間も決まってくるもんやから。最初から時間がこうで、火加減はこうでって決められない。ましてや、鍋の大きさとか水の量とか、じゃがいもの個数までいつも違うわけやから。そんなん、ああしたらこうなるっていうふうには絶対ならないんですよ。一方で、落語の場合はどうなんか？と私は思って。いつもおんなじことをしようと思うのか、ストーリーは決まってても、やっぱりニュアンスとかを変える、いつも違うことをしよう思てはんのか？

二葉　新鮮な気持ちで、とはいつも思ってます。言うことは一緒ですけども。その時のお客さんとの感じで、なんかのる時もあるし、のらへん時もあるので。ここはもうちょっと押した方がええな、とか、ここは行きすぎてんな、とか。そういうことを思いながらしゃべってるつもりで。

土井　いやいや、わかる。そうやってニュアンスみたいなんで、加減いうもんがやっぱり変わってくるよね。それが料理なら、火加減であったり時間であったり。落語なら、間とかいうようなもんで。必要な間が、料理にもあるんやと思うんよね。

二葉　あぁぁ、なるほど。

土井　私らでも、講演会で毎週同じような話をせなあかんいう時があって。先週やったから、今日またおんなじ話しようと思ったら絶対失敗する。失敗というか、のり切らない。だから、毎回毎回、この前より少しでも良くしようと思ってやると、全然違うもんがまた生まれてくるから。講演会やと、資料をちゃんとこぅ作っていくわけやんか。一応作んねんけども、資料に頼ると全然つまらない。自分もつまらないし。その場所で、その時に反応する自分っていうのは新しい自分やんか。だから準備しているけども、「資料はもぅ見ません。新しい自分が見たいんです」とか言って話し始めるんですけど。その方がうまいこといって。

二葉　あぁ！で、楽しい。

土井　楽しい。

二葉　ですよね。私もちょっとその楽しさに最近気づいてきました。10年ちょっと、落語やらせてもらって。

土井　必ず変える、いうことが大事やと思ってるんです。変わることが進歩やから。おんなじようなことをしたら、過去の自分を再現しようとする。大事なのは過去の自分じゃなくて、いつも新しい自分で。たとえ同じことをやっても、常に変化することによって、一回一回が楽しくなって。同時に、怖くもあるけど。

二葉　はい。

土井　一回一回が、その次のステップになっていくよねって、私自身は思てます。二葉さんも、おんなじようにしようとは絶対思たはらへんて。私は芸術とか書も好きなんです。例えば書家の石川九楊先生が言うてはんねんけど、ポン、と筆を置くいうことは、その時に反応する、いうこと。その時のにじみとか、その時のハネとかがあって、そこで毎回新しいものを作るって。だから、まったく同じものを作ろういうのは、昨日の自分を追いかけることでダメや、っていう。『紅白歌合戦』なんかでも、その時だけの特別なアレンジをしてる人と、してない人がおるけど。している人はやっぱりいいなと思うわ。

二葉　そうかもしれないです。

土井　それが、もしかしたら前の方がえぇ作品かもわからんけども、変化することがすごく大事や思うねん。〝なんか違う〟いうことに人が反応するから。人間って、おんなじことをするのが楽なんですよ。変えるのが嫌、とか。でも、それやってたら自分が…。なんていうかな、楽してたら私はバチ当たるタイプというか。うまいこといかないいうのがわかってるから。苦しむのが好きいうことはないけど（笑）。その方が、多分生き生きしてるんちゃうかなと。

先生の「料理は自由なんです」に泣いてもぅて

二葉 『情熱大陸』で、先生が「料理は自由なんです」言うてはって。私、なんか弱ってたんですかねぇ…。あの言葉聞いて、泣いてもぅて。

土井 ほんとぉ。料理は自由、やけど、ほんまは自由ちゃうけどな。有限の中の世界で、自由。落語も決まった噺の中で、どんだけ自由にできるか？いうことやもんね。

二葉 そうなんです。こうしゃべらなあかん、と決まったものがあって、それを師匠に教えてもらってやってたりするんですけど。ほんで、わりとそれを気にしてるなぁと思ってるんですよね。でも、もっとこぅ…自分の言葉で、しゃべった方がええんちゃうかな?って。

土井 そうそう、そう思うわ。あの、丁寧にとか、完璧を目指すとかあるやんか。それ目指すとダメやねん、もぅ。完璧にしないぐらいの、ええ加減な感じでやる方がええなぁとは思ってるけど。料理はね。

二葉 はい。なんかこぅ、縛られてるなぁっていう感じが。

土井 キチッとすると、お料理まずくなるねん。

二葉 あぁ〜！

土井 おむすびでもクッキーでも豚まん作るのんでも、なんでも。ふわふわっと持ったら、もぅこんでえぇ。形や姿っていうのはすごく気になってキチッキチッとしようと思った途端にもぅ、ちょっとずつダメになってくる。

二葉 落語もそうかもしれないですね。やっぱり、キチッとやったかておもしろくないし、伝わらへんし。

土井 コンピューターみたいに寸分狂いのない再現をするっていうことを、人間が目指してたとしたら、それ以上行かれへんやんか。それはコンピューターに負けてしまうわけやから。そこには目指すものがないわけよね。だから、この頃はわざといつもと違うように作る。例えば、卵を炒めてアスパラ炒めてっていうところを、アスパラ先に炒めて。行く場所は一緒やねんけども、過程が変わればそれだけでも違うし。半割にアスパラを切るだけでも、輪切りにするだけでも、全部同じ材料でも（切り方だけで）変わってしまうというか。そこがおもしろいですよね。

「お味噌だけでえぇ」で豊かな感じになりました

二葉 私、そういえば、実家が、ちゃんとお昆布とお鰹でおだし取りなさいっていう家やったんです。

土井 すごいね。

二葉 父親がずっとごはん作ってたんですけど。ほな、一人暮らしして、お昆布を母親から分けてもぅて、お鰹は買うて、なんや最初はしてたけど、修業中なんか特にもう毎日くたびれてたからじゃまくさい！ってなって。しばらくお味噌汁を飲まへんかったんですけど、先生がお味噌だけでえぇ言うて。

土井 そうそう。いろんな具材からしっかり味でるから、お水でいい。

二葉 おだし取らんでえぇんや！と思って。みなさんね、言うたはりますけど。豊かな感じになりました。家で、一人でごはん作って食べて。

土井 まず自分で作ったら、体に悪いもん取り込めへんしな。やっぱり、よそ行ったら乱れるから。家に帰ってきてごはん食べたら、秩序を取り戻す。部屋かて散らかってたら、イラッとするやんか。だけども、掃除したり、机の上をきれいにしたら、スッキリするのとおんなじで。ちゃんと食卓を整えて食べることで、心の秩序を取り戻すことができるんよ。汚れているいうことは、秩序が乱れているいうことやけど、きれいに拭くことで、秩序を取り戻す。

二葉 先生、ほんであの、いっつも、よぉ拭かはるじゃないですか？お料理中に手元の汚れとか。あれ、かっこいいです。

土井 あれはもぅ、当たり前のことで。お料理する人にとっては。

二葉 そうですよね（笑）。

土井 それはもぅ、みんなそうですよ。手ぇが遊んでへん。なんか、卵を片手で割るって、まぁあんな恥ずかしいこと、したあかんで、みたいな。

二葉 ほぉ〜。

土井 卵を片手で割りはる人あるでしょ？それがかっこええみたいな。片っ方の手ぇ休ませて、片手で割って、失敗したらめちゃかっこ悪いでしょ。卵を1日に千個割る仕事やったら、片手で割らんと間に合えへんいうのわかるけど。両方の手使って、一つのことに、きちんと向き合うのがかっこええ。大切にしてもうて、卵も喜ぶ思う。

よぉ拭かはるじゃないですか。あれかっこいいです

大阪のいいとこってどこやと思われますか？

二葉 大阪のいいところってどこやと思われますか？例えばまぁ、食べ物でも。

土井 もし今日、大阪で二葉さんに差し入れするんやったら、［本二鶴］の巾着寿司。落語家さんのためにいうて、野球ボールみたいな大きい巾着寿司作ってはる。芸人さんが幕間に、気軽に手づかみで食べられるようにて。そら、おいしいから。大阪はあぁいうええもんがあるなぁと思う。あと、〝椀刺し〟いうて。大阪のおいしいものは〝椀刺し〟っていう言葉があるんですよ。

二葉 わんさし。

土井 お椀いうのは、お吸い物のこと。おだし文化でいうと、大阪は北前船いうのが着いていたから、京都以上に昆布の文化ですよ。昆布が日常的にあるし、おつゆいうたら、あさりとか貝のおつゆ。そういうような魚介のおつゆを飲んでるから、本来は味噌汁をあんまり食べなかったんですよ。椀刺しの〝刺し〟はお刺し身のこと。鯛なんか、そんなんやっぱり上等やから。「今日はお鯛さんやで」って。うちの母なんかでも、鯛いうたら必ず〝お〟が付く。

二葉 はい。私の母もお鯛さんって。

土井 えべっさんが持ったはるのは、「まえの海の鯛」。東京で江戸前言うように大阪のまえの海（大阪湾）の魚やいうこと。なにわ（難波）言うんは、魚（ナ）がよううけいてる海（ニワ）という意味なんです。やっぱり大阪の町のええとこで。なんぼがんばっても、京都の町に海ないから。だから日本料理いうのは大阪から始まってん。だけども、そういうようなことを全国のだれも知りはれへんみたいな時代になってきて。昔は、大阪から京都へ行っても、京都においしいもんないから、大阪帰って食べようかってね。京都の人は、（大阪に来たら）京都帰ってもしゃあないから、大阪で食べて帰ろうかってそうなってたもんやけど。それがみんな京都に持ってかれて。悔しいなぁと思てるんですよ。京都の人は上手やなぁ。

二葉 知らなかったです。

土井 大阪は、船場の人なんか最高なんです。船場の旦那衆が料理屋へ行って、「今日はどんなん入ってるやろか？」ってそうしたら料理人が「ええ鯛が入ってます。それにやっぱり筍と…」と。「それやったら鯛の腹ぼの〝お造り〟と、お頭で〝骨むし〟してもろて…」みたいに、お客さんが自分で献立を立てたようです。料理人の方が、船場のお客さんから教えてもらうことが多かったんですね。だから、大阪の料理人は頭が低いのです。だけど、東京では料理人の方が偉そうにしていることがあるでしょ。あれは、食べ方もわからないお客さんの方が後から江戸に来たということなんですね。

二葉 そうなんですね…！

土井 だから、大阪の豊かさいうのはやっぱり、庶民がおいしいものを当たり前に知ってるいうことやね。それが一番大事やねんな。その辺が失われてきてるのは、私は残念や思てますけど。でも、大阪の食べもんとか店いうのは人情がある。おいしいまずいだけじゃなくて、人間の交わりのおいしさがあるよね。そう思いますよ。

「おうどんってなんで言うんですか?」に怒ってはったんですか?

二葉　『情熱大陸』で、「〝おうどん〟って何で言うんですか?」っていう質問に、先生、あの…、ちょっと怒ったはりましたか?

土井　いやいや、そんなことはないねんけども(笑)。なんか考えているときはニコニコしてないと思う。あれはいきなりの質問やったから。考えたんかな、いっとき。「うどん」いうたら、なんかその、うどん玉みたいな感じ。人が、誰かが作ったもんが「おうどん」。

二葉　あの、おあげさんも。「おあげさん」は誰かが炊いた感じ、「油揚げ」いうたら調理前の感じって。あれはグッときました。すごいいいなぁと思って。

土井　普段でも〝料理〟いう時に、「お料理」って言いたい時と「料理」でえぇ時と、なんとなく区別するし。それはやっぱり、原稿書くようになってから、〝お〟を付けたほうがえぇかとか、付けないほうがえぇか?いうのを考えるようになりましたね、すごく。だから文章を書くことで、私は言葉がずいぶん磨かれたと思いますよ。二葉さんもぜひ書いてください。

食べ方がめちゃ汚いって思ったら一気に冷めてしまうんですよ。それってどうですかね

二葉　なんかちょっと、的外れなことかもしれないですけど。例えば、人がこぅ食べてる姿で。まぁ、付き合いましょうみたいになった時に、男の人とね。食べ方めっちゃ汚いなって思ったら、一気に冷めてまうんですよ。それってどうですかねぇ?

土井　食べ方いうのは大切やから。やっぱり食べるっていうのは、あの、……きちゃないって(笑)。その、程度いうもんがあるけどなぁ。

二葉　ハハハハハ(笑)。

土井　大事やけども。それこそ、きれいであってほしいとか思うけども。実はその汚いものの中に、えぇものもあんのよ。

二葉　うぅ～ん……。そうなんですか!?

土井　きれいなだけ、いうのは飽きてしまうねん。有名な陶芸家のおじいちゃんと食事したとき、なんでも手でおいしそうに食べてはった。人にはそれぞれ、いろんなとこがあるから。本当は、普通の時と、きれいにピシッとできる時と、両方あれば。

二葉　そうですね!うんうん。

土井　いろんな面を見してくれたら、ありがたいよね。まぁ私なんか、ご飯を食べる時に、家やったらもぅ油断してるから。二葉さんはそんな思いはれへんかわからんけど、あの、年いってきたら、こぼすん。

二葉　ふふふふ(笑)。

土井　お皿に何か取ろう思っても、そばに落ちたりする。だから、しょっちゅう下のクロスをうちの妻が洗ったりしてますけども。よぅ怒られるんですよ。でも、そういうようなものも含めて、なんかこぅ、えぇこともあるんですよ。そして二人とか家族っていうようなものができた時に、そこを補い合うということやから。好きとか嫌いとかいうよりも、どうでもえぇこともあるしね。だけども、不快な思いになることはやめて、って。そこはちょっと、聞いてくれな困るわなぁ。

二葉　はい(苦笑)。

土井　まぁ細かいこと言い出したらたくさんあるんですよ。だけどもね、やっぱり最終的には、その本人が気づかんとしゃあないから。

二葉　そうですね。

土井　まぁ、叱られることも大事やねんけど。人間がこれからみんな一緒に楽しいやっていくうえで、嫌なこととか、自分の趣味と合わんことも受け入れてやっていくっていうことでないと、あの、危ないよね。

二葉　あぶない。

土井　世界が。多様性いうのはあるねん、みんな。普通は、この人とこの人は違うから、いろんな人がいておもしろいとか言うねんけど。それだけじゃなくて。二葉さん自身も、昔の二葉さんと、今の二葉さんと、10年後の二葉さんいうのは違うわけや。気分によっても人は変わるわけでしょ。一人の人間のなかにも多様性はある。だから今、もしか、ヘンテコリンな二葉さんがいてはっても、そのことをみんなとやかく言いはれへんねん。ヨーロッパやったら。今は、この子若いから反抗してるなって。でもそれを許容してくれる。(フランスでの修業時代)私はそういうような場面によくあったんよ。向こうやったら、じゃがいもでグラタンを作るのに、マンドリンいうスライサーで薄ぅく切んねやんか。せやけど私は日本人として、これ使ったらあかんやろと勝手に思って。

二葉　ふふふふ(笑)。

土井　包丁でへぐみたいにして切ってたん。やっぱり、スライサーで切ったみたいに均一に薄くはならないねん。せやけども、周りの同僚も、シェフも、オーナーも来て、私のその仕事を見てるけど、だれも別に怒りもせんし、放ったらかしにされるんよね。それって、今から思ったらすごいことやったな。その人の考えを尊重してくれるんよ。そういういろんな経験をしながら、人は変わっていくんちゃうかなと。みんなが自分っていうものを大事に。あんまり変えてしまったら、それはちゃうかなとは思ってんねんけどね。

最近、お弁当ばっかりで嫌で

二葉　最近なんか、お弁当ばっかりで。それがすごい嫌で。
土井　そうでしょ？私だったら、自分でおむすびを持って行くよね。二葉さんもごはん炊いて、おむすび作って持ってったらよろしい。そしたら自分の炊いた、作ったおむすびに、うわーっ！と。なんでこんなおいしいんやろうって。自分で作ったもんは、ほんとにおいしい。

土井先生と料理番組やるのが夢です

二葉　先生と料理番組やるのが夢っていうのは、もういろんなところで…。
土井　もうそんなん、やらせてもらえるんやったら最高やけど。
二葉　ほんまですか⁉
土井　ほんまやりたいけどね。
二葉　料理番組あこがれています。はい。『きょうの料理』とか見てても、私が隣におりたい！って思てます。

はじめてお話ししてみて

「ひえー！ほんまに土井せんせに会うてもうた！」って感じ。せんせが話さはる言葉は、やさしくて丁寧で、たのしくって。ほんでメラメラしてはって。とてもすてきでした。なんやろ。理屈とちゃう。うまいこと言葉にでけへんねんけど、あ、信用できるおっちゃんおるわぁって。安心感がすごくて、泣きそうになりました。私、めっちゃ年下やけど、めっちゃ生意気やけど、せんせと仲良くなりたいです。この対談だけじゃしゃべり足らへん。ほんで、一緒にトランプとかもしたい！坊主めくりでもいい！…私、何言うてんのん?!（二葉）

悩みに悩んで選んだお土産とうれしいうれしい差し入れ

土井先生による差し入れは、なんと手作りのおはぎ。「うわぁ、おいしそう！ありがとうございます。すごいうれしいです」。感激した二葉さんも、「気に入っていただけるか、わからないですけども。これぞ土井先生！というのを選ばせていただきました」と手渡したのは、美術家の山下雅己さんによるセラミックヒューマンと呼ばれる陶人形の作品。そのたたずまいを見て、「〝でんぼ〟みたいやん」と大阪ことばで例えた土井先生に、「でんぼ（笑）。先生、最近、でんぼも通用しなくなって…」と二葉さん。いただいたおはぎから、まずはきなこ、続いてあんこを。さらに「青のりのおはぎ、初めて食べました。おいしい！3つも食べてもぅた」と照れながら、「もぅ1個いいですか？ごま、よばれます」と全4種を制覇。土井さんいわく、「これは、おいしいしょうと思てないところがおいしいんですよ。ほんとに何もしてないですよ」。

上方落語の定席
天満天神繁昌亭へ

寄席の世界って、えぇもんです。特に上方落語をナマで初めて観るなら、
繁昌亭こそ最適解！二葉さんが一番におすすめする大阪唯一の定席。
〝奇跡の寄席〟と呼ばれるそのゆえん、普段はのぞけない舞台裏にも迫ります。

客席数や設計は、東京の定席［新宿末廣亭］をお手本に。現代の寄席小屋として音響や空調設備は万全。繊細な芸である落語を観る、聴くための絶好の環境が整う。

落語家みずから口火を切った、夢の定席

戦後約60年ぶりに復活した上方落語の定席。定席とは、年中無休で落語を上演する寄席小屋のこと。戦前は町のあちこちにあり、人々は身近な娯楽として落語を楽しむことができたが、戦火を被った大阪からその存在は焼滅。「戦前のように定席があったら」と夢見た噺家は数知れず、彼らの思いを背負うようにして六代桂文枝（当時、桂三枝）が奔走した。大阪天満宮より土地を借り受け、市民や企業などから寄付を得て小屋を設立。立地は偶然にもかつて「天満八軒」と呼ばれ、寄席や演芸場がひしめいていた上方落語ゆかりの地。落語を愛してやまない噺家と町の人々が協力して実現させた、全国でも類いまれなる定席となった。

東京の定席は昼夜入れ替えなしのスタイルがほとんどだが、こちらは2006年の開館以来、昼夜完全入れ替え制。「寄席の特徴は初心者からツウまで毎日楽しめること。若手から師匠方まで出演する昼は、いうなれば落語家の顔見世でありアンテナショップ。夜は独演会や一門会など企画モノ。昼席でお目当ての噺家を探して、夜席に再び足を運んでいただけたら」と初代支配人の恩田雅和さん。斬新な〝朝席〟を設けるなど、前例のない試みにも噺家とタッグを組んで挑戦中。

天満天神繁昌亭（てんまてんじんはんじょうてい）
https://www.hanjotei.jp　Twitter @kamigatarakugok

1

2

3

4

5

6

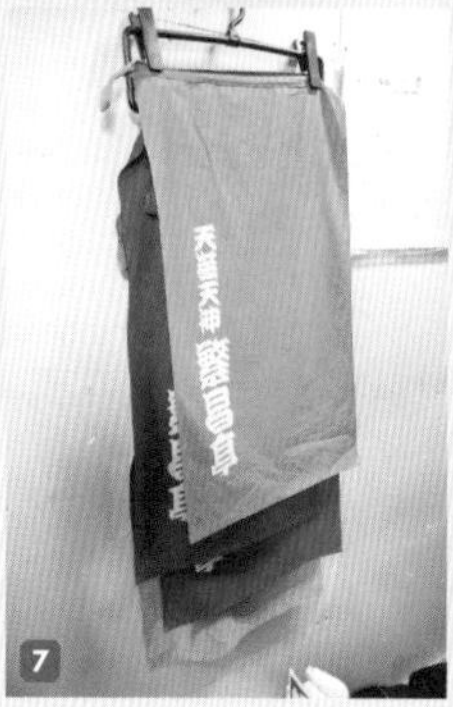

7

8

9

10

二葉さんに案内してもらう

繁昌亭の裏側あっちこっち

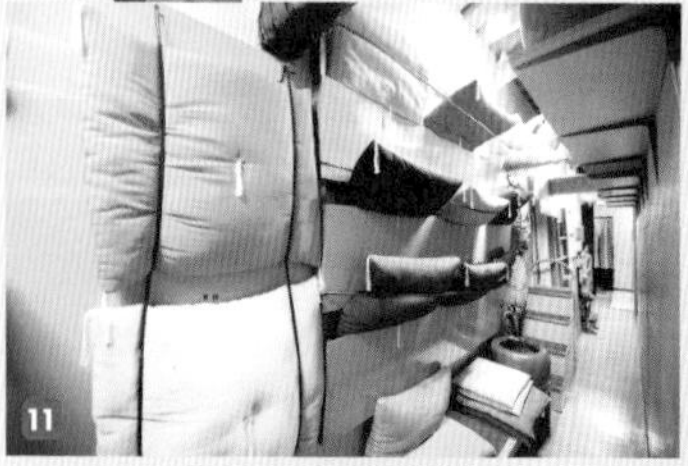

11

12

17

18

13

14

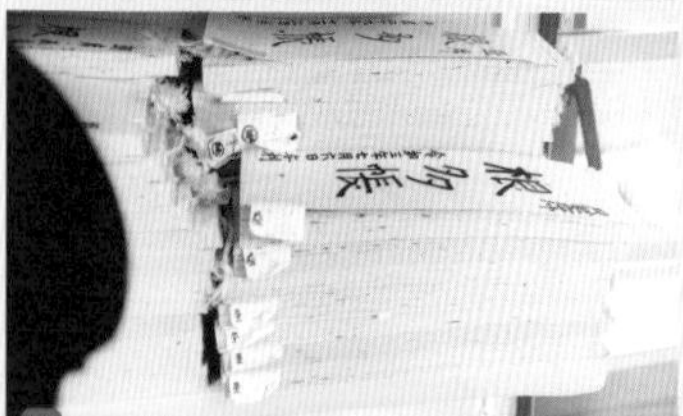

15

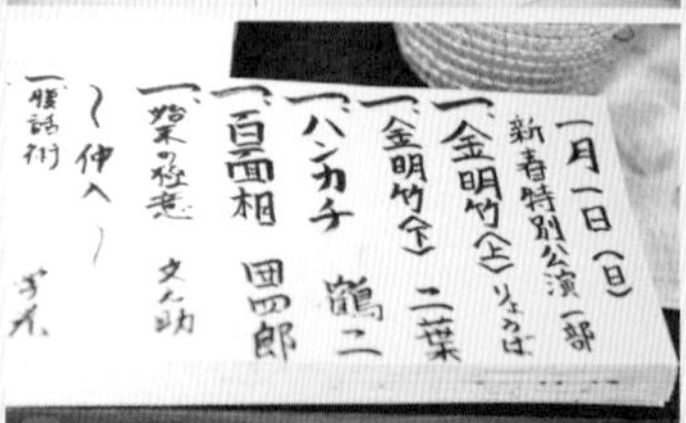

16

19

20

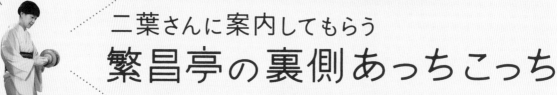

なんど上がろうと緊張が抜けない、ホームグラウンド

「繁昌亭はホームやと思ってるんですけど、今も緊張感はすごくある。どんな人が来てるかわからへんから。昼は特に。だから怖いです」

2011年入門の二葉さんにとって、繁昌亭はかつて客席から師匠を仰いだ場所であり、入門後はしくじる恐怖と隣り合わせで楽屋番に励み、下座から同期や先輩の芸を見つめ、高座に上がれば全力の奮闘で挑み続けてきたホームグラウンド。

「尽力してくれはった文枝師匠には感謝の気持ちでいっぱいです。『こんなとこに建てても無理や』って反対もあったらしい。そんななかで作ってくれはったから」

2022年12月には、繁昌亭を中心に、その年最も活躍した上方の落語家に贈られる「第17回繁昌亭大賞」を最年少かつ最短キャリアで受賞した二葉さん。

「繁昌亭があったことで、ずいぶん鍛えていただいてます。お返しができるように、私もがんばらんとなって心から思います」

Niyo's "Acchi Kocchi" comment

1 高座上手(かみて)にあるお囃子部屋。「これは大太鼓。八尾にある[丸岡太鼓店]のもので、私もここでいくつかお願いしました」。鳴り物で用いる太鼓は、他にも大胴や締太鼓などいくつかバリエーションがある。

2 大小さまざまある太鼓ゆえ、バチの種類もこの通り。きれいに分け揃えられた様子から、人目に触れない道具ひとつでも大切に使われていることがよくわかる。

3 パフパフッ。「これもイケそうな曲(出囃子)の時やったら私は入れます」と、鳴らしたパフパフラッパ。「なくてもいいけど、あったら楽しい」。三味線以外の鳴り物は噺家自身が演奏し、使う楽器やアレンジは自由に決められる場合も多いそう。

4 「この鉦(双盤)は、手打ちする時に使う。打ちま〜しょ、(コーンコーン)、もひとつせぇ、(コーンコーン)、祝うて三度、(コ、コーンコーン)ってやつですね」。

5 勢いよく、チョン！と拍子木を一打ち。すると、天を突き上げ、まるで場を清めるような清々しい音が響く。開演を告げる合図に欠かせない鳴り物の一つ。

6 舞台裏で異彩を放っていた火鉢。昔々、冬場には高座で噺家の横に鉄瓶のかかった火鉢が置かれることがあったとか。近年、実際に使われているのは桂文福さんのみ。

7 高座の座布団を返したり、名ビラをめくったり。舞台の整え役を担う"お茶子さん"が使う専用の前掛け。ちなみに東京では高座の支度は前座がする。お茶子がいるのは上方のみ。

8 寄席にはこれがなくっちゃ！高座の必須アイテム、名ビラ。別名、めくりとも。お茶子さんの持ち場である高座下手(しもて)の舞台裏に、一門ごとに分けてストックされている。朗らかな温かさを感じる寄席文字は、上方きっての寄席文字書家、橘右佐喜さんによる。

9 締太鼓と、上はセットで使うてれん台。「締太鼓は、毎回、調べ(締め紐)をギュッと締めて音を上げて、使った後は緩める。締めっぱなしやと楽器に負担がかかるから」。上方落語では噺の合間に入る「ハメモノ」も高座の要。鳴り物の扱いはとても繊細かつ丁寧。

10 高座背景に掲げられた「樂」の書は、上方落語四天王の一人、桂米朝師匠によるもの。「笑いは"薬"って書こうとして…」、その頃すでにご高齢だった米朝さんが草冠を書き損ねたという逸話がある一方、草野球や草競馬など本格的ではないものを表す草の冠を意図的に書かなかったという一説も。

11 「これだけの色が揃う小屋は東京にもない。しかもすべて丹後ちりめんで誂えてある」と二葉さんが力を込めたお座布団コーナー。「お茶子さんが演者の着物に合わせて選ぶとか、『何色がいいですか?』って聞いてくれたりも。三代目(桂春團治)は白やったとか、色を決めてる方も」。

12 この日の楽屋番、笑福亭喬龍さんの手元には噺家の名前を記したテープがいっぱい。「出番がある方の化粧前や下駄箱に貼る名札。貼る位置はキャリアによって違うから、香盤表を見ながらやる」と、かつて同様に楽屋番を務めていた二葉さん。

13 事務所の一角にずらりと並ぶ、演者の名前が書かれた木札。これは繁昌亭の入り口に掲示され、昼席や夜席の出演者を知らせるもの。上方だけでなく、なかには東京の噺家さんの札も。

14 大師匠から前座まで、その日の演者が一堂に会す楽屋。中央の机の上には、「三幸さん(桂三幸)が最近作らはった『珍プレー好プレーノート』」が。中には、噺家さん直筆の楽屋ニュースが続々と。

15 開館したその日から、高座にかけられた演目がすべて記されている根多帳。「昼席と、朝・夜席用があって、楽屋番が書きます」。例えば「替り目」という演目は、「かわり目」など演者によって表記が異なる場合も。

16 「これね、こないだ上・下でやったやつ」と開いた根多帳は、2023年元日昼席のもの。一席目の桂りょうばさんが『金明竹』の噺半ばで時間切れ。続く二葉さんが「続きをやります」と噺を完結！予期せぬ事態を好転させる、こうしたチームプレーも寄席ならでは。

17 楽屋口の看板も橘右佐喜さんのご陽気な寄席文字で。

18 楽屋のお隣にある、わずか2畳半ほどの小部屋。楽屋番専用の控室で、「着替えたり、お弁当食べたり。生活感ある」。楽屋の大部屋とは一転、簡素な空間。

19 繁昌亭の建物北側に、さりげなく鎮座する黒ポスト。戦前のスーパースター、初代桂春團治が活躍した明治初期に用いられていた黒塗り角柱形の郵便箱を復刻。毎日集荷されているれっきとした現役です！

20 二葉さんもその存在を初めて知った、まねき専用の小部屋。まねきは、正面入り口に据える芸名を記した大看板。繁昌亭では芸歴30年以上の噺家と、繁昌亭大賞受賞者に限り製作される。「第17回繁昌亭大賞」を受賞した二葉さんのまねきも2023年3月に完成。

生まれてから入門まで

1986.8.2→2010.9

long interview #02

本名は西井史（ふみ）。大阪の下町に生まれ、無口ながら腕白だった幼少期から、運命のように落語と出会い、弟子入りに備えた入門前夜まで。落語家になる礎を築いた約25年間を二葉さん自身が語る。

誕生〜幼少期

とにかく無口で、引っ込み思案。

生まれは大阪市東住吉区東田辺。決してお金がある家ではなく、はじめはアパートの2階に住んでました。その後、弟が生まれてちょっと大きなってから引っ越しして。引っ越し先も東田辺。今度はアパートの1階で少し広なって。最近知ったんですけど、私、離乳食を食べてなかったらしいです。何を食べてたかっていうと、スペアリブとか（笑）。大人と一緒のもんを食べてたみたいです。母親は「案外いけんで！」って言うてわろてました。結構ワイルドに育った感覚はあります。

1歳から鷹合保育所に通い始めました。とにかく動くのが好きで、運動神経は良かったと思います。鉄棒が得意やったし、竹馬もすごい高いの乗ってたり。木登りも好きやった。そうそう、おばあちゃん家にあっためっちゃ高い鯉のぼりの棒に登ったりとかもしてました。ただ、しゃべった記憶はない。…うん。言葉が本当に苦手でした。人前に出るのが嫌ということもあって、学童保育でやる演劇は顔が見えへん役ばっかり選んで。忍者とか虫とかチェロとか。言葉を発するのがとてつもなく苦手やったんやと思うんです。母親が寝る前に本読んでくれる時も、絵本じゃなくて楽譜を持っていってました。子ども用の歌の本みたいなやつを見ながらうとてもらって。歌詞の意味はわからんかったけど、歌は好きでした。太鼓もガチでやってました。父親が太鼓が好きで。新潟の佐渡を拠点にしている「鼓童」のワークショップに行ってたりとか。私も地元の駒川商店街のお祭りの時に叩いてました。今でも舞台袖で叩く太鼓は、自分で言うのもなんやけど上手いと思う。

保育所の頃のことでよく覚えてるのは、将来の夢を書かなあかんっていう場面で。全然かけらも思ってないけど、「ケーキ屋さん」って書いて。「求めてるんでしょ？こういう答えを」って。冷めてますよね（苦笑）。でも、その辺の空気は小さい頃から読めてたと思う。将来なりたいものとか、あるわけないやろ！って思てました。男の子って忍者になりたいとか、言えますやんか。でも女の私が言うとスベるやろうなって。いちびって廊下走ったら痛々しく思われてしまうやろうな、とか。そういうふうなことも感じてました。

テレビをあまり見ない家やったんで、お笑いとは無縁で。『ちびまる子ちゃん』と『サザエさん』、『ドラゴンボール』ぐらいしか見てなかったです。当時のヒーローは、大林素子さん（笑）。バレーボールの試合がある時はテレビがついてたんです。おばあちゃんも母親もすごい好きやったから。大林素子さんは身長182㎝ぐらいあって、サウスポーで。スターやった。6歳ぐらいの時、試合観に行って。叔母と一緒にサインもらったなぁ。

あと、幼い頃から着物が好きでした。おばあちゃんがよぅ着せてくれてたんです。お正月や七五三など折々に。女の子っぽい格好するのは嫌やったけど、着物だけはすごく好きやったなぁって。絹のスルスルした肌触りが気持ち良かったんやと思います。このおばあちゃんっていうのは母方の祖母なんですけど、ギャンブラーで麻雀が大好きで。家に人を呼んで、よぅ麻雀してはって。私と弟も10歳までにはやり方を覚えてました。お正月には家族で麻雀大会。私らもやるんですけど、今やから言えますが賭けて。賭けなオモロない！と。お年玉もらったけど、負けたら出さなあかん言うて。負けた弟はギャン泣きしてたけど、「出しや」言われて（笑）。厳しいわー。本気やねん。子どもやから、とかじゃない。その姿勢は母親もおばあちゃんも共通してました。〝一人間〟として扱ってくれた。子ども扱いされた記憶はあまりないですね。

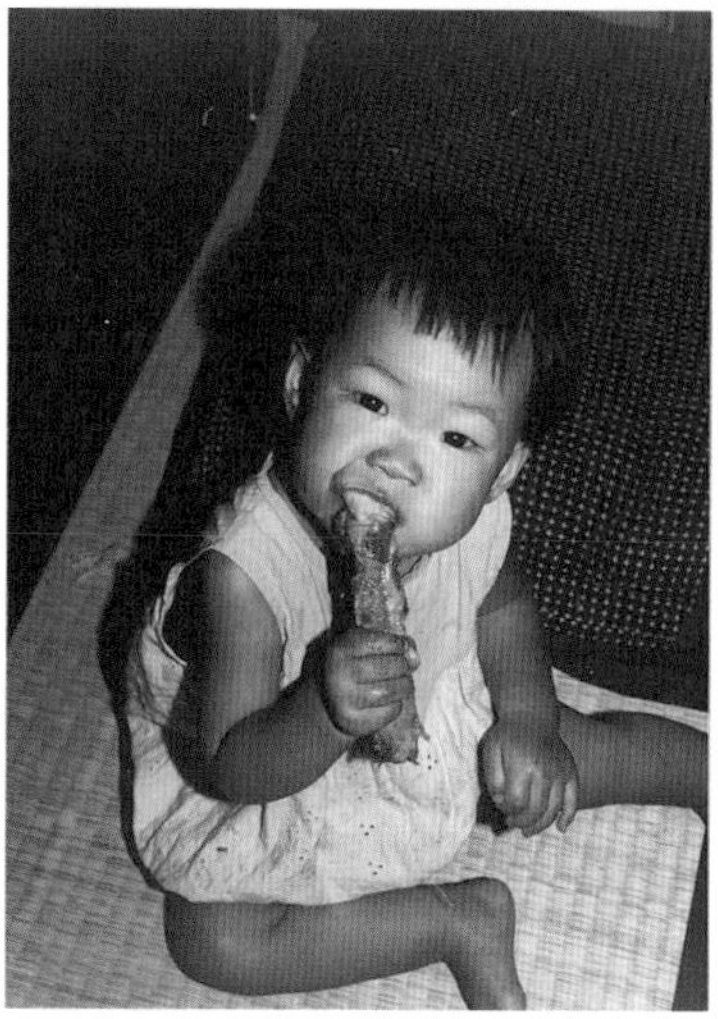

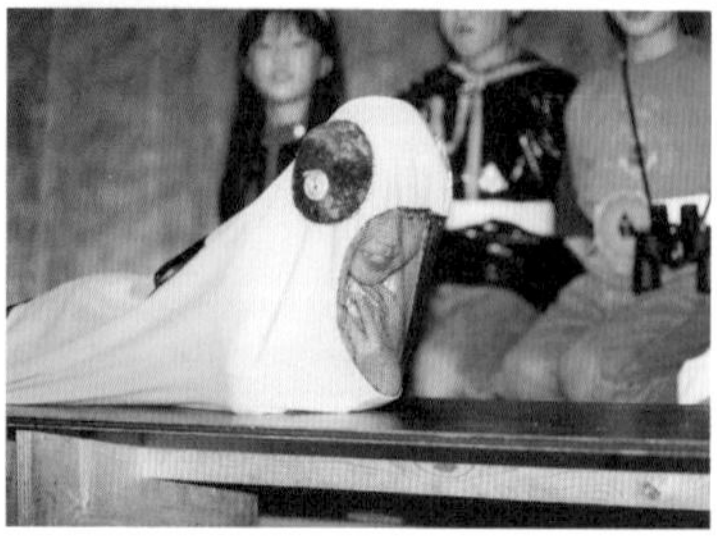

小学校&学童

全力で遊ぶこと、公平であること。

うちは両親が結婚してないんです。籍を入れず、別姓で。母親はちっちゃい印刷屋で働いていて、父親は学童保育の指導員をしてました。この学童保育が、なんて言うたらいいのか、すごくワイルド。父親がやっていて、私も小学1年生から6年生まで通ってました。この学童保育に行ってた人は家にも遊びに来てたから、常に年上の人が身近におるような環境で育ちました。いまだに久しぶりに会った学童の先輩から、「昔、おまえのおしめ替えたんやで」とか言われる（苦笑）。とにかく、そこら辺の学童保育とは全然違っていて、全力で遊ぶ。中途半端なことはしない！学校から帰ったらすぐ学童行って、そこから公園へ遊びに行って、途中でおやつ食べに学童に帰ってくる。おやつも全部父親が作ってるんですけど。食べ終わったら、また公園へ行く。遊びは季節ごとに違って、春ならビーダン（ビー玉遊び）とか、冬ならコマ、ほかにもSケン・ドッカン・さんぽ・ドッジボール・水風船投げとか。季節だけじゃなくて流行りもあったかな。とにかく遊び方が中途半端じゃなくて、上手になるまでとことんやる。人数は30〜40人ぐらい。大人数で公園へ行って遊ぶんです。毎年夏休みの最後の日は、「大阪城探検」ていうのがあってね。1チーム4〜5人に分かれて、学童がある東住吉から大阪城まで歩いて行く。ある年は、遠方の駅までわざわざ行って、そこから大阪城へ向かったこともありました。お弁当と電話賃とおやつ代を持って、地図見ながら行くんです。電車は乗らず、子どもたちだけで。ただ、1時間ごとに学童に電話はかけるんですけどね。「こちら本部です！」とか言って（笑）。うしろで大人が見てるわけではないから、ドキドキ。「大阪城はどこですか〜？」って通りで尋ねたりして。ほんなら全然知らんおばちゃんが教えてくれるんですよね。「ここから地下鉄乗って行き〜」って。「歩いて行くんです！」って言うたら、「アホちゃうか」って（笑）。1週間キャンプ行ったりもしました。かまどやトイレも造って、1週間のメニューも自分らで考えて。この日はここへ行って遊ぶとか。あと、生きたニワトリを連れて行って絞めるとか。あぁ、生きてるもん食べてんねんなぁって。とにかくめっちゃハード。私ら、ボーイスカウトのことを馬鹿にしてましたもん（苦笑）。父親が振り切って遊ぶのが好きなんでしょうね。一緒に遊ぼうぜ！っていう感じやったと思います。畑もやってたし、川行って牛乳パックで作ったヨットに乗ったりとか、一輪車で公園３周したりとか。アトランタオリンピックがあった年は、〝アホランタオリンピック〟って大会を開いて、みんなで考えた競技で競って。例えば、コーラ飲んで誰が一番早くゲップ出せるか？とか（笑）。そういうような遊びをみんなが真剣にやって。

でも私にとっては父親が指導員やったから、複雑な部分もありました。例えば、台風の日に公園へ遊びに行った時。〝台風ごっこ〟っていって、みんなで噴水の中に入ったりしてて。私が大きい水たまりに「うわーっ！」て入りに行ったら、父親に「何してるんや？」って冷めた目で見られて。それが結構ショックで。他の人がしてたら多分何も言わへんけど、わが子やからこその反応やったと思う。だから、めちゃくちゃ気ぃ使ってました。「私も思いっきりアホなことしたいのに…」みたいな気持ちがずっとあったと思います。

気を使うといえば、小学校のランドセルは赤を選んで。おばあちゃんに買ってもらったんですけど、ほんまは黒が欲しいのに、赤って言わな悲しまれるんちゃうかな？と思って。３つ下の弟はランドセル買いに行った時、茶色の横型を選んだんです。あんた偉いわあって思いましたね。めっちゃオシャレ。当時は誰も持ってないんですよ、茶色の横型なんて。かっこ良かった。服装は〝標準服〟って呼ばれるもので通う学校で。入学式はスカートをはいて行ったけど、その後すぐズボンにしました。スカートがとっても嫌で、私服のズボンをはいて行って。なんで嫌やったんやろう？いわゆる、〝女の子らしい〟みたいなことが嫌やったんでしょうね。先生にしつこく注意されたけど、母親が闘ってくれて。「標準服でしょ？ほんなら別にスカートじゃなくてもいいんじゃないですか？」って。母親は筋が通った人でね。怖い存在でもあって。母の日に弟と二人、お小遣い出し合ってお花あげたら「物あげたらええと思ったら大間違いやぞ」って言われたことある。こわ（笑）。もぅ一つ鮮明に覚えてるのは、ほんとにちっちゃい時だったと思うんですけど。弟に「うーわ、男のくせに泣いてる！」って言うたことがあるんです。そうしたら母親が、「男でも泣くし、女でも泣くやろ」と。その通りやなと思って。すっごい恥ずかしかったのを覚えてます。とにかく平等や、と。母親は男女だけじゃなく、子どもに対しても本当に平等に接してた。今でも話してるとハッとする時がありますね。こないだも何の話やったか忘れたけど、まぁわかりやすく言うと、女はピンクで男は青みたいな表現に対して、「今の時代に何言ぅてんねん！」って私が言うたら、「時代なんて関係ない。間違ってんねん、それは」って母親が。その通りですよね。本質を見失うなよっていつも自分に言い聞かせてます。母親の影響は本当に大きいと思います。

小学校でも言葉は相変わらずダメで…。しゃべることも読むことも。だからお勉強がまったくできへんかった。国語も算数も理科も社会も。お勉強ができないと学校にもいづらい…みたいな気持ちがあって。得意なのは音楽と体育だけ。とにかく言葉を使うことを避けてました。でも、お習字は好きやったんですよね。おばあちゃん

「うーわ、男のくせに泣いてる！」って言うたことがあるんです。そうしたら母親が、「男でも泣くし、女でも泣くやろ」と。その通りやなと思って。

のお姉ちゃん、私からしたら大伯母が書道の先生で、大伯母から教わった母親が私に教えてくれていて。母親は働きながら月曜日の夕方だけお習字教室を開いていて、学童のみんなと一緒に習ってました。その時間はすごく楽しかったです。

中学校～高校

絶望的な思春期から一転、優等生に。

中学生の頃は、もぅ本当に暗黒時代。現実世界が嫌すぎて、ジブリの映画『耳をすませば』を毎日観てました。キラキラとしたね、中学校生活を送る主人公のお二人を。ほんまにそればっか見てた。なんせ、学校の成績は5段階評価で1と2ばっかり。授業が本当にわからへんかったんです。ノートの取り方もよぅわからん、なんで書かれへんのかすら自分でわからへん。ほんまに辛かったわぁ。誰も助けてくれへんから。勉強はできひんし、体は肥えてくるし…。もぅ何もかもが嫌になって。で、また友達もいないんですよ!!

1年間だけバレー部に入っていました。バレーボールは好きで、運動神経も良かったから。でも生粋の体育会系な部活で厳しかったんですよね。練習で腹筋３００回とか。顧問の先生とも合わなかったし、やめてまえ！と思って。1年足らずで退部しました。1年生で最初にユニホームをもらって、上手は上手やったんですけど。もぅ無理やな、団体行動も嫌やしって。中学の3年間は絶望的な毎日を送っていて、本当に『耳をすませば』の記憶しかないんです（苦笑）。

高校受験の話が出た時、三者面談に母親が来てくれて。ほんなら担任の先生が、「どこの高校も行けません」って、投げ捨てたように言わはって。どこも行けませんって、自分が受け持っている子どもに対してあまりにひどいじゃないですか。また、聞いてる私も態度が悪いんですよ。何もかもが嫌で嫌でしょうがなかったから…。帰宅してから母親に「どうすんの？」って聞かれて、「歌手になる」とか言って（笑）。歌も習ってたん、そういえば。小学校の時ね。でも、まぁそんなもん無理やわね。なんとかせなあかん！どうしよう？って考えて。うちはお金ないって言うてるし、両親に頭下げて、「塾に行かしてください」って頼んで。ほんなら、定期テストで平均点が今より20点上がったら行かしたると。当時の成績は、常に4点とか（笑）。試験やってても、正解はこれや！って自信持っ

上／京都の荒神口に暮らしていた母方の祖母と。中／父の影響で始めた太鼓は筋金入り。下／幼少期から動き回ることが大好きだった。

て答えられる問題なんて一つもないんですよ。音楽の筆記テストで、ベートーベンの写真の下に適当な名前を書きなさいっていう問題にも、自分の名前書いたりしてたから。〝適当〟っていう言葉の意味をまず教えといてもらわんとわからへんし（苦笑）。とにかく、20点上げてこいって母親に言われて、一生懸命がんばったけど、結局無理で。どうしよう…と。もぅボロボロ。絶望的。近鉄南大阪線の高架下にある暗い公園で、キーキーって音鳴らしながらブランコ乗って。どうしよう…どうしよう……と。考えた挙げ句、赤ペン買いに行ってね。先生が使ってる特殊なやつありますやん？あれ買いに行って。で、答案用紙の×されてるところ、また勢いよく×してるのが腹立つねん！（笑）。×されてるところで、なんとか△に直せるところはないか？って考えて。△にしたところは回答も直してね。必死。点数も、例えば13やったら18にできるけど、直しにくいやつもあるじゃないですか。4やったら無理や（笑）。そうやってあらゆることを考えて書き直して。でも、バレるに決まってるでしょ？決まってんねんけども、母親はその時何も言わへんかった。ほんで、「塾探してこい」って。自分で探して、針中野駅の近所の塾に行ったんですね。そこは本当に心のある塾で、塾長が自ら教えてくれて。担任に言われたことを話したら、「ひどいですね」って。「でも大丈夫です、何とかします」って言うてくれはって、「お願いします！」と。ほんなら、中学の最後の方は平均40点くらいまで上がって。高校行ける！と。それでも公立の高校は無理で。私の内申点も悪かったし…。

MとNの違いも長いことわからへんかった。形も似てるし、音も似てるから。そんなアホな私を母は見捨てず、「ええか、MはNより1本多いんやで」言うて（笑）。

そういえば中学の頃、一回だけ登校拒否したこともありました。3日ぐらい行ってなかった。本当に嫌で。あの頃、母親に見捨てられてたらもう終わってたと思います。母親は家に図書室を作るぐらい本が好きな人で、物知りで。だから、世の中にはいろんな人がおることを知ってたんかなぁ。私みたいな、びっくりするくらいできない子もおんねやと。私、英語のVegetableっていうスペルを2年間書かれへんかったんです。9文字もあって長いですやんか（苦笑）。あとMとNの違いも長いことわからへんかった。形も似てるし、音も似てるから。そんなアホな私を母は見捨てず、「ええか、MはNより1本多いんやで」言うて（笑）。本当に辛抱強く教えてくれました。父親は、娘の出来の悪さを受け入れられへんかったんでしょうね。ひっくり返った昆虫みたいになって、「うわー！」言うて暴れてました。なんでこんなこともわからんねんって。「もう学校行くな！」って言われたこともありました。「やろうとせぇへんねやったら、もう行くな」みたいなことやったんかな。でも、やる気のあるなしの問題じゃなくて、本当になんにもわからへんかったんです。そんなこと言われても困んねんけどなぁと思ってて。えらいもんで、弟は大阪市内で一番賢い公立高校へ行き、神戸大学へ進学して。すごい勉強できる子でね。対照的な私は本当に辛かったんです。とにかく、どうやって生きていっていいのかわからへんかったから。でも母親は、「あんたは大器晩成型やから」って。大器晩成って言われても、中学生の私には何のことかわからへんかったんですけど（笑）。

高校は私立を専願で受けて。オープンキャンパスも自分で行きました。校内に樟がたくさんあっていい香り、校舎も風情があっていいなぁと思ったんですよね。うわさによると、お勉強はできひんけどもおとなしい人が来る学校やと。めっちゃいいやん！と思って入学したら、全然ちゃうやないかい！って。だって、髪の毛が緑色の人おったもん（笑）。強烈な人が多すぎた。こんなところで生きていけるわけない！って思ったけど、当時は偏差値37の学校でみんなアホやから。すごい安心感がありました。

1年生の時はとっても普通に過ごしてたと思う。波乱は2年生から。金髪のクラスメート、オオハラさんに教室の入り口で「じゃま」って言われて、衝撃を受けて。だって、まったくじゃましてなかったから。こっわ！…と思ったんですけど、ひょんなきっかけでオオハラさんたちがやってたサッカーやったかな、遊びに加わったんです。自分から勇気を出して「一緒にやりたい」みたいなことを言うたと思うんです。ほんなら、すごい喜んでくれはって。「おぅ、来いや」みたいな感じで。そこからはとっても楽しい毎日でした。リヤカーで階段を下りたり、勝手に体育館でバドミントンして全力で遊ぶとか。あと、エラそうにしてはる先生に対して、真っ向から挑んでいくみたいなこともすごい痛快やった。アホなことして楽しもう！っていう気持ちがめちゃありました。

勉強もがんばってました。中学3年生で点数取れるようになったことがうれしかったんですよね。勉強の仕方がわかってきたという手応えがあって。100点取ろう！ぐらいの気持ちがあったから、高校の3年間は成績が良かった。クラスで上から2番目とかになって。でも、例えば数学の先生なんかは、「このプリント、明日そのままテストで出すからな」って、本番と同じプリントを渡してくる（笑）。それでも赤点出るぐらいの学校やから、そら、ええ点数取れますわねぇ。

部活はやってなくて、帰宅部でした。帰りに鶴橋のロッテリア行くとか、おうどん屋さんでおうどん食べてから帰るとか、そんなんしてました。ただ、クラスメートが「プリクラ撮りに行こうや！」とか「カラオケ行こうや！」っていうのは断ってました。なんかちょっとチャラいし、嫌やなって。「来な、シバクぞ！」って言われたけど（笑）。バイトしてなかったから、お金なかったしなぁ。

家では音楽聴いたりしてたかなぁ。ジュディマリ（JUDY AND MARY）世代なんで、YUKIちゃんとか。民生ちゃん（奥田民生）も聴いてました。学校で「奥田民生がいい！」って言ったら、「ハァ!?」っ

上／祖父母宅で、弟の開（かい）さんと。中／一輪車だってお手のもの。下／小学校の初登校を前に、母と一緒に。スカートが嫌…。

てみんなに言われて。「ジジイやん」って。ライブも行きました。セーラー服着て、一人でZepp Osakaに。ラジオはaikoの「オールナイトニッポン」。聴いてたなぁ。あと、ご飯も作ってました。家族の約束事で、週に一回晩ごはんを作らなあかん時期があったんです。漫画も読んでたかな。漫画は高校生になってようやく読めるようになってきて。それまで読み方がわからんかって…。ほんで、高校生の頃から『大阪ことば事典』も読んでました。母親と大阪弁の話をした時に、こんな本あんでって教えてもらって。実家にあったからペラペラめくってたんです。

当時から、なんとなく大阪弁は好きやなぁと思てました。学校で教科書を読む時、不思議やけど、みんな標準語になるでしょ? 標準語のイントネーションで「先生、あのね」って読む。それがすっごい気持ち悪かって。自分の言葉ないんかい!と思てました。私はよそ行きな言葉をしゃべるのが嫌やった。あと、家で「おでん食べたい」って言うたら、父親に「おまえ、どこの人間やねん!大阪の人間やったら関東煮（かんとだき）って言わんかい」って怒られたり。父親は八尾の人なんですけど。関東煮はハードル高いで!って今でも思うんですけど（笑）。たまに幼なじみと電話する時があって、第一声は「おぅ、まいど」。実際は〝毎度〟も会ってないんですけどね。地元の商店街を通ってても、知り合いのお店の人には「まいどです」って挨拶する。思えば大阪弁は、物心ついた時からほんまに好きやったかもしれません。

「おでん食べたい」って言うたら、父親に「おまえ、どこの人間やねん! 大阪の人間やったら関東煮（かんとだき）って言わんかい」って怒られたり。

大学〜社会人時代

落語に出会い、秘めたるアホが覚醒した。

高校では勉強をがんばったから、指定校推薦で大学に行けました。京都橘大学へ入学。共学になった時の一期生で。もともと女子大やったから、生徒は女の子ばっかりやったんですけど。専攻は文学部文化財学科。高3の時に母親とお寺行って、仏像見てて。なんかかわいいなぁ、足イカついなぁ、仏像ってなんとなくおもしろいなぁと。本当にそれだけで仏教美術史を学ぶことにしました。ゼミは4年間ずっと同じ先生で。中国出身の先生。すごいええ人でね。日本語も上手で。よく直してもらいました、日本語を。「ニシイさん、チガウよコレ〜」言うて。私のことをおもしろがってくれて、卒論もつきっきりで教えてもらいました。習ったことはほとんど覚えてへんけど、博物館学芸員の資格は持ってます。

友達は一人だけいてて。福山雅治とミスター・チルドレンが好きなちゃん、私と真逆。彼女とだけは仲が良くて。友達はなっちゃんしかいぃひんかった。あとはね、総務課のおばちゃんとか食堂のコバヤシさんとか、生協でパン焼いてるマスダさんとか。なんでかな? わからへんのですけど、私、おばちゃんにかわいがってもらってた記憶が強くて。年上の人には安心していけるんやと思うんです。ほんまのこと言うと、同級生ってめっちゃ苦手で。おばちゃん好きなんかもしれない。パン焼いてたマスダさんなんか、いまだに手紙をくれるし、落語会もよぅ来てくれる。お菓子送ってくれはったり。食堂のコバヤシさんは久しぶりにツイッターでつながって。当時、食堂行ったら「今日、何おすすめですか?」とか聞いてたんやろね。学食やし、メニューはほぼ毎日替わらんやろ!って思うけど(笑)。自分からしゃべりかけてた気がします。こないだも京都橘大学の仕事があって、オープンキャンパスで落語をやったんですけど、「覚えてる?」っておばちゃんが来て。「学生支援課の!」って言ったら、「そう!」って。

大学までは大阪の実家から2時間くらいかけて通ってました。アルバイトも大阪で。天王寺にあるスポーツデポ。だから、京都ではほぼ遊ばずに。もったいなかったなぁ。

落語に出会ったのも大学生の頃。普段テレビはあんまり見ぃひんのですけど、たまたま「きらきらアフロ」いう番組を見て。なんかすてきなおっちゃんやな、おもしろいおっちゃんやなって思ったのが鶴瓶さん(笑福亭鶴瓶さん)でした。その時、笑福亭って変な名前やなぁって(笑)。幼い頃からほんまにテレビを見ぃひんかったので、何も知らなくて。調べてみたら、落語家ということがわかって、生で見てみたいなぁと。ほんで、布施(東大阪市)でやってた落語会に行ったんです。露の都師匠の会で、ゲストが鶴瓶さんでした。一目見て、この人を追いかけようと。演目は、たしか「死神」をやらはったんですけど、落語というものを初めて観たから、何がなんやら。でも、わかりたいと思いました。

当時、道頓堀にB1角座があって、もぎりのバイトもしてました。松竹芸能の劇場やし、鶴瓶さんに会えるんじゃないかと考えて。会えるわけないんですけど、劇場入り口のちっちゃい箱みたいなところにおったんです。そしたら鶴瓶さんが前を通ったことがあって。驚いて「アーーー!!!」って。ちょうど「鶴瓶のらくだ」っていうツアーを大阪松竹座で3日連続でやってはった時。私も千秋楽に行ってるんです。鶴瓶さんが出演する学祭とか、「きらきらアフロ」の収録もめっちゃ行ってました。で、「やたら来んな、こいつ」ってなって、そこから「ご飯行こか」とか言うていただくようになって。鶴瓶さんは知り合ってから毎回のように、「どこでも来たらええ。どこでも入れたる」言うてくれはって。舞台はずっとタダで観せてもらってました。

初めて落語を観た時から、落語家になりたいと思ってました。あぁ、こういう世界があるんや。こらもぅバッチリやなって。幼少期からずっとモヤモヤした気持ちで過ごしてきたけど、まぁ高校時代はね、本当に楽しかったんですけど。全力でアホなことがしたい、人前で

上/学童保育で川へ。牛乳パックで作った船を漕ぐ。中/駕籠みたいにゴミを運んだり。女子校時代の教室で。下/鶴瓶さんを追いかけるようになった頃、『鶴瓶上岡パペポTV』を全話録画したビデオを貸してくれた「黒岡のおっちゃん」と。米朝師匠のファンで落語の話もたくさんした。

言葉を発したい！っていう欲求が絶えずあったから。人前でしゃべれる人、アホなことができる人にあこがれてた。学童の時、たかふみくんっていう2つ上の先輩がおってね。私、めっちゃ好きやったんです。「俺、ゲップ200回連続でデキるで！」とか言う（笑）。威張り散らして言うことじゃないのに、めちゃくちゃ堂々と。アホやん！ってなるんですけど、その姿がかっこ良くて。とってもすてきやなと思ったんです。「俺、砂場の砂食えるし！」とか（笑）。食べてどうするん！って思うねんけど。そういう人にすごくあこがれがありました。私、大学のゼミの発表ですらしゃべられへんかったんです。でも落語に出会って、これはええなぁと。みんなが観てて、舞台上で一人アホなことをする。最高やな！って。落語って決められたもんやし、自分で考えんでもいいと言えばいい。教えてもらえる世界やっていうのもわかったから。私はゼロから何かを生み出すことは多分できひん。でも、稽古をつけてもらって教えてもらえる、落語という出来上がったものがあるなら、私もできるんじゃないか？と思ったんですね。〝一人でやる〟っていうのもとっても大事なところで。だって、団体行動は無理やから（苦笑）。あと、着物が好きやし、ほんまいいなぁと。

大学時代から噺家になろうと思ってたけど、卒業後は京都のスーパーフレスコに就職しました。というのも、お金がなかったから。「卒業したら家出てってな」って両親に言われていたこともあって、なんぞ働かなあかんと。どこに弟子入りするかもまだ決めてなかったんで、とにかくいろんな落語家を観ようと。就職したけど、落語家になる気ぃでおった感じですね。150万ぐらい貯めてから弟子入りしようと。フレスコにいたのは1年半。その頃は京都市内の町家に住んでいて、隣の家のクソガキどもとよぅ一緒に遊んでました。夏になったら、「花火しよー」言うて。私が大量に買ってきて遊んでです。うんこみたいな炭が出てくる花火あるじゃないですか。あれの燃えかすを顔に付けて、向かいのコンビニに誰がアイス買いに行くか、いんじゃんしよう！言うて。私、まくらでよう言うてるんですけど、ユイトっていうすごい仲のいい子がおって。そのユイトがいんじゃんで負けて、泣いて「行きたくない！」って。でも、「絶対行けよ」って私も容赦なく（笑）。そういう遊びをしてました。こないだ久しぶりにユイトに会って、LINE交換してね。聞いたら、もぅ二十歳やって。

うちの師匠（桂米二）は京都でぎょうさん落語会やってたんで、フレスコで働きながらよう観に行ってました。師匠を選ぶのって、ほんまにセンスが問われるというか。好きな人がいっぱいおるけど、好きだけじゃ選べないところがある。自分が弟子になるのはどうかなぁ？とか。いろいろ考える時期でした。噺家になろうと思ってたことは、両親には話してなくて。フレスコを退職してから、「辞めました」って言いに行きました。もう弟子入り志願して、見習いについてた時期やと思います。師匠が「楽屋に遊びに来たらいい」と言ってくれた、その辺で仕事を辞めてるんですね。で、ようやく親にも言いました。ほんなら、「はぁ!?」って。父親は「何考えてんの？しゃべれるわけないやん。まったくしゃべらへん人間が」っていう反応でした。母親は「ふーん」（笑）っていう感じやったと思います。

初めて落語を観た時から、落語家になりたいと思ってました。あぁ、こういう世界があるんや。こらもぅバッチリやなって。

持ちネタ ちょっとだけ 紹介

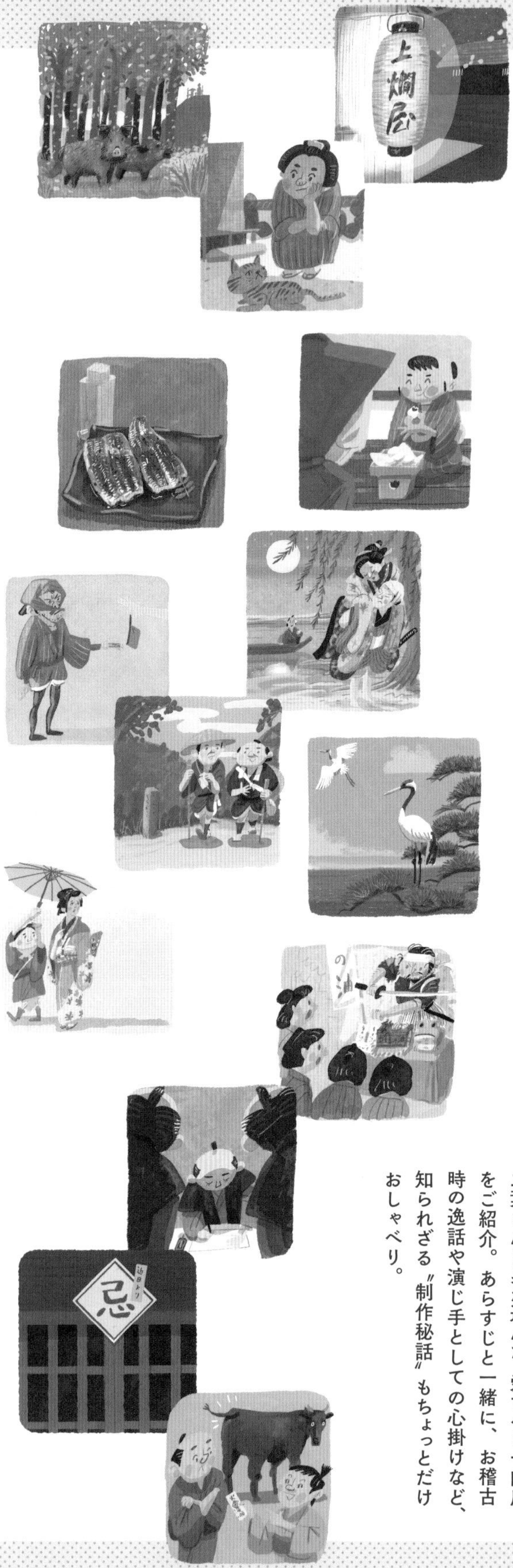

テッパンネタから未来の十八番まで。二葉さん自身が選んだ、愛すべき十四席をご紹介。あらすじと一緒に、お稽古時の逸話や演じ手としての心掛けなど、知られざる〝制作秘話〟もちょっとだけおしゃべり。

立弁の音楽的なところが
やっていて心地いいんです

東の旅・発端《ひがしのたび・ほったん》

教わった師匠 | 桂米二

story あらすじ

〝ひとつお伊勢参りでもしょうやないか〟と、喜六と清八という気の合う若い2人が伊勢を目指す旅噺の序章。春先の陽気な黄道吉日。友人や町の人々に見送られ、2人は大坂の安堂寺橋から東へ、東へ。深江で名物の菅笠を買い、暗峠を越えてたどり着いた南都奈良では町を見物。しりとり遊びなどしながら、のんきな旅を繰り広げる。

Niyo's comment

師匠から2つ目に教えてもらったネタ。これは〝間を取る〟お稽古のためにやるネタで、張扇と小拍子で見台をパパン、パンって叩きながらしゃべる。あと、叩く音よりも大きい声を出せよ、っていう。だから最初の基礎練みたいな感じですね。人前でやることはあんまりないけど、私はわりと好き。途中で「伊勢音頭」が入ったり、しりとりのところには〝後付け〟っていわれる太鼓や三味線がいっぱい入るんですね。今から旅が始まりまっせ！という、本当に陽気な噺で。「金明竹」や「がまの油」みたいな立弁（たてべん：早口でしゃべり続けること）系のネタで、音楽的な部分はわりと得意っていうか。やってて心地いいんですよね。

薄っぺらじゃない、
ほんもんのアホがやりたくて

牛ほめ《うしほめ》

教わった師匠 | 桂米二

story あらすじ

甚兵衛さんから小遣い稼ぎの方法を教わった喜六。なんでも池田のおっさんのところへ行って家の普請（ふしん）をほめ、台所の柱にある大きな節穴を隠す妙案を伝えれば、褒美に3円はくれるだろうとのこと。ついでに牛もほめといでと、難解なほめ文句を教わり、紙に書くも覚えず。懐に入れた紙を盗み見ながら、おっさんの家と牛を一生懸命ほめ続け…。

Niyo's comment

「牛ほめ」は、ネタおろしの舞台の途中で止まったやつ（笑）。師匠が舞台袖から「（わからんのは）ここか??」って助け舟を出してくれたけど、「違います。その次です！」って。この噺はちゃんと全部やったら25分ぐらいある。だから（家だけほめる）「普請ほめ」で終わる人もおるしね。入門2～3年目で教えてもらったんですけど、初めてやり終えた帰りは泣きました。この長い噺を覚えられた…って感極まって、母親に電話して（笑）。自分からつけてくださいと頼んだネタ。他の人がやるのを観て、ほんまに喜六の気持ちがわかってるんかな？と。なんていうか、そんな薄っぺらいもんじゃない、もっとアホやのになぁ、と思ってた気がします。

つる

ほんとに内容がない噺（笑）。
だから難しい

教わった師匠 ｜ 桂米二

story あらすじ

つるは、かつて首長鳥と呼ばれていたと甚兵衛さんから教わった喜六。ならば、なぜ〝つる〟と呼ぶようになったかを聞くと、オスが〝つー〟と飛んできて浜辺の松へポイッと止まり、その後にメスが〝るー〟と来たからだという。早速、教わったばかりのつるの因縁を町内で言いまわるのだが、勘どころを失念するばかりでどうにもうまくいかない。

Niyo's comment

これは十八番（笑）。自信がある。米朝師匠は落語のすべての要素がこの噺に入ってる、でもほんとに内容がないからウケるのが難しい、と。喜六が甚兵衛さんになんで〝つる〟っていうのかを聞くと、また今度教えたる、みたいなところがあるんですけど、私、そこで「うーわ、ほんまに知ってなはんの？」言うてて。小佐田先生（P26）が「〝うーわ〟なんて初めて聴いた」って、笑ってくれはる（笑）。「もっかい教ぇとくなはれ」とやってきて、「つー」を聞くやいなや、「さいなら〜」って飛び出すアレンジは雀太兄やんの。師匠から教えてもらったものは最後まで聞いてから出るんですけど。兄さんからお許しを得て、私もやらせてもらってます。

池田の猪買い《いけだのししかい》

和歌山から池田へ行けまへんか？
これはボケじゃない

教わった師匠 ｜ 桂米二

story あらすじ

体の冷えに悩む喜六。甚兵衛さんに相談すると新鮮な猪肉を食べるのがいいとのことで、池田の山猟師、六太夫さんを訪ねることに。大阪の丼池から郊外の池田まで、珍道中を繰り広げながらも無事到着。六太夫さんと共に猟へ出て、鉄砲で猪を仕留めてもらうも「これ、新しいか？」と疑う喜六。すると六太夫さんは猪を叩き…。

Niyo's comment

「天狗さし」のアホもいいけど、この喜六も愛すべきトップクラスのアホ。大好きなのは（防寒のため）服をめちゃくちゃ厚着してくるところ。あと、池田への行き方を聞かれて、「ここから難波へ出まして、紀州街道を南へ南へ」。そんなことしたら和歌山へ行てしまう、と言われたら「和歌山から池田へ行けまへんか？」って言う。これはボケと思てる人が多いかもしれへんけど、私はガチで言うてると思ってて。こないだ和歌山の人が池田行った言うとったな、なるほど、和歌山から行ったらええんや！って。私もそう思いそう（笑）。甚兵衛さんを茶化す気はないと思う。アホげな噺やけど、こういうネタを独演会の三席目とかでやって、納得していただけたら理想やなって。

陽気な酔っぱらいの気持ちは
よくわかる。やってて快感

上燗屋《じょうかんや》

教わった師匠 | 桂雀太

story あらすじ

上燗屋を訪れた一人の酔客。すでに仕上がった上機嫌で、頼んだ燗がぬるいと言っては再び温めさせ、また熱すぎれば冷やを足してとせがむ。注文する肴は大鉢からこぼれた豆、付け合わせのおからや紅生姜など、タダ(無料)のものばかり。気分よく酒肴を楽しんだ挙げ句、勘定はツケを願うも最後は出入り禁止名簿に付けられる。

Niyo's comment

初めてやった酔っぱらいネタ。年季明けて2〜3年して、雀太兄さんに初めて教えてもらった噺なんです。酔っぱらいの気持ちはよくわかるから、やりたかって。でもめちゃくちゃ難しかった。しらふで酔っぱらってるふうに見せなあかん、しかも何を言ってるかはわかってもらわないといけないから。心掛けてるのは陽気な酔っぱらいであること。やってて快感。陰気な酔っぱらいをやる人もいるけど、聴いてられへんから(苦笑)。雀太兄さんのお稽古では息継ぎについて結構言われました。(セリフの)ここで息継ぐねん、ここでちょっと吸うといて、みたいな。うちの師匠からは聞いたことなかったけど、枝雀一門ではわりとあると聞いてます。

お稽古は一度きり。
でも一緒に考えることが楽しくて

打飼盗人《うちかいぬすっと》

教わった師匠 | 桂文華

story あらすじ

とある長屋に忍び込んだ泥棒。ところが家財道具はなく、すっからかん。手ぶらで帰ってたまるかと、寝ている住人に合口(短刀)を突きつけ居直ったが、相手は脅し文句に理屈をこねるわ、一服つけばタバコをねだるわ。しかも自らの身の上話を上手に語り、泥棒から金を巻き上げ、その打飼(胴巻き財布)を空っぽにしてしまう。

Niyo's comment

文華師匠の、ちょっと南寄りのヤンチャな大阪弁が好きで。私も近鉄南大阪線沿線で育ちましたから。文華師匠に何か教えてほしいなぁと思ってて、泥棒ネタはあんまり持ってなかったからこの噺を。お稽古は録らしてもらった音源を覚えてきて師匠の前でやる。文華師匠のお稽古は一度きり。でも内容はみっちり。まず1回通しで見てもらって、次の1回は途中で止めながら教えてもらって。「そこ、こういう言い方してみてくれへん?」とか「俺、そんなん言うてた?おもろいな」とか、「もうちょっとぶりっ子してもええんちゃう?」とか、一緒に考えてお稽古してくれはって。すごい楽しかった。あぁ、いいお稽古つけてもろたなぁと思いました。

御奉行さんに対して言葉を
まっすぐ放つ、四郎ちゃんが痛快

佐々木裁き《ささきさばき》

教わった師匠 | 桂米紫

story あらすじ

大坂西町奉行の佐々木信濃守が町内を見回りしていると、裁判ごっこに興じる子どもたちが目に入った。奉行役の子どもは「佐々木信濃守」と名乗り、その裁きがあっぱれ。佐々木は奉行役を務めていた四郎吉と、その父、さらに町役も奉行所へ呼び寄せる。動揺する父をよそに四郎吉は信濃守の問答に頓知で応戦し、奉行を一層うならせる。

Niyo's comment

本当に大切にしているネタ。めっちゃ好き。四郎ちゃん(四郎吉)のクソガキ感がたまらないですね。やっぱ最後が痛快。御奉行さんに対してまっすぐな眼差しで、言葉をまっすぐ放つのが気持ちいい。よぉ言うたな!って。見どころはそこですわねぇ。あと、奉行言葉が出てくるから(子どもとの)メリハリが出しやすい。この噺は自分のもんにしてやりたいっていう気持ちがずっとあって、ようやくできるようになってきたなぁって。「佐々木裁き」といえば二葉って言われるようになりたい。米紫師匠には「子はかすがい」と「真田小僧」と、子どもネタを3つお稽古つけてもらってます。

私、おなべどんに対しての
愛情がすごいあるから

仔猫《こねこ》

教わった師匠 | 桂米二

story あらすじ

船場のある大店に奉公することになったおなべ。誰もが目を見張る働きっぷりで、たちまち店の人気者になるが、夜中に人目を忍びどこかへ出かけているとのうわさが立つ。懸念した旦那と番頭が彼女の留守中に持ち物を調べると、葛籠の奥から血みどろの毛皮が。番頭はおなべに暇を出そうと試みるが、思わぬ病を告白され…。

Niyo's comment

おなべどんが本当に愛おしい。めっちゃくっちゃえぇ子やねん。故郷から大坂へ出てきはって、奇病がバレたらあかんと一生懸命働いたはる。後半のところで番頭さんが、「おなべ、ちょっとこっち来てくれるか」って言う。この時点でおなべは「やばっ…」って思ってるはずで。それやのに番頭さんをちょっと笑かすというか、陽気な話題に持っていこうとする。それが切ない。事情を聞いた番頭は「お前、猫とりか?猫だけ!?よかった。それならこっちはこっちでまた考えないかんけどな」って言う。この〝また考えないかんけどな〟っていうセリフはうちの師匠が入れた。やさしい一言が最後に入ってるので希望がある。それもすごくいいなぁと。

立って、立ってんねん。
ここをやりたいがために（笑）

胴乱の幸助《どうらんのこうすけ》

教わった師匠 | 桂米二

story あらすじ

仕事一筋で娯楽を知らず、唯一の道楽はけんかの仲裁という幸助。浄瑠璃の稽古屋の前を通りかかると、聞こえてきたのは『お半長右衛門』。嫁が姑にいびられる一幕に、己が一肌脱ごうと隣の見物人にその現場を聞けば、京都の柳馬場押小路虎石町にある帯屋だという。早速、京の町へ向かった幸助はトンチンカンなやりとりを続け…。

Niyo's comment

この噺は1回しかやったことないんです。ネタおろししたっきり。40分ぐらいあって難易度も高い。出だしで、「お前、何してんねん?」「立ってんねん」「立ってんのはわかってんねん。立って何してんねん?」「立って、立ってんねん」っていう2人の若い衆のやりとりがあって。ここやりたいがために覚えた(笑)。幸助はまっすぐなアホで、こんな人がお父さんやったら嫌やなって思うけど。途中で義太夫のお稽古のシーンがあって、(義太夫節を)〝らしく〟やらなあかんし、場面転換が多くて、3人でしゃべるところもまた難しくて。でも、なんかえぇ噺。好きな噺やから何とかしたいなと思ってます。

怒りすぎて泣くぐらいまで怒る。
見せ場はそこやから

近日息子《きんじつむすこ》

教わった師匠 | 桂文華

story あらすじ

芝居小屋の看板に〝近日より〟とあれば、近い日=明日が初日と考えるマヌケな息子。「先ぐり機転を利かせ」と説教する父親が、ある時、腹の不調を訴え、息子は早々に医者を呼び、葬儀屋や寺を回り、家の表には忌中札まで…。呆れ怒る父親に、息子は「忌中札の肩に〝近日より〟としております」。

Niyo's comment

町の人が連れ立って悔やみを言いに行くところで、町人同士がめちゃくちゃ怒ってけんかする。その場面が本当にいいなぁと思って。なかなかないんちゃう?落語で本当に怒るのって。元々の噺にはこの怒る部分はなかったっぽいですね。でも今やこの噺の見せ場はそこやからねぇ。教わった文華師匠は、とにかくめっちゃ怒れ!って(笑)。イキきらなあかん、と。怒りすぎて泣くぐらいまで怒るんですけど、それがおもしろいし、やってて気持ちいい。でも、どっかにかわいげみたいなのを持っとかんとあかん。ガチで怒ってたら引かれることがあって、まったく笑われへんから。

がまの油《がまのあぶら》

「今からは酔っぱらいの稽古や」って飲みに連れてもらって

教わった師匠 ｜ 桂坊枝

story あらすじ

がまの油を売る啖呵売(たんかばい)。傷や痔には妙薬、刃物の切れ味も止めると、実演を交えて威勢よく売りさばく。儲けた金でハシゴ酒をして、もうひと儲けとへベレケの状態で口上を再び語り始めたが、呂律が回らず話もチグハグ。腕に刀を当て実演するも、トリックを誤って出血。泣きながら立ち合いに血止めの薬を求めるトホホな結末に。

Niyo's comment

「がまの油」といえば坊枝師匠っていうぐらい、(上方の落語家は)みんな坊枝師匠にお稽古行ったはります。お願いしたら、「おっちゃんでえぇんか?」って。俺とか僕じゃなくて、自分のことをおっちゃんって言わはる(笑)。師匠のお母さんのお家でつけてもらったんですけど、すごい丁寧にお稽古してくれはって。『米朝落語全集』に載ってる油売りの挿絵が、汚いヒゲ面でどろどろの着物を着てるんですけど、「あぁいうイメージなんや」と。お稽古後は、「今からは酔っぱらいの稽古や」って飲みに連れてもらって。師匠の奥さんと3人で豚足が名物の店行って。頼んだら4本入りで、「誰が最後の1本食べるか、いんじゃんしよう」言うて(笑)。

子はかすがい《こはかすがい》

〝どこで取ったんや!〟で、泣いてしまいそうになって

教わった師匠 ｜ 桂米紫

story あらすじ

酒と女にだらしない大工の熊五郎に、愛想を尽かした妻のお花は息子の寅ちゃんを連れて家を出る。2年後、改心した熊五郎が息子と再会。母子で暮らす近況や父がいない寂しさを聞き、うなぎをご馳走すると約束する。後日、息子と対面したうなぎ屋の店先には、後を追ってきたお花の姿も。息子の助けで夫婦が元の鞘へ収まる。

Niyo's comment

人情ものをやっといた方がいいんじゃないかと思って覚えました。ただ、結婚したことないから、その辺の気持ちがやっぱり嘘っぽくなるし恥ずかしい。でも「そこは割り切って芝居したらいい」って米紫師匠が言うてくれはって。お母はんが寅ちゃんに「どこで取ったんや!今やったらお母ちゃんどこへでもついて行って、なんぼでも頭下げたる」いうところは、お稽古の時に泣いてしまいそうになって。私も親のお金、取ったことあるから(苦笑)。今まで、女の人(の役)ができひんと自分では思ってたんですけど、最近、いいねって言ってもらえるようになって。やっぱりそういうのって、年いったからとか、私生活の部分が出たんじゃないか?って。

向う付け《むこうづけ》

人が死んでるお葬式の場面やのに、わりと陽気な噺

教わった師匠 | 桂米二

story あらすじ

ご隠居さんの訃報を受け、弔問することになった喜六。女房から挨拶の手ほどきを受け、向かった先で素っ頓狂だが懸命な悔やみを御寮人（ごりょんさん）に伝え、手伝いを申し出る。すると頼まれたのは帳場。無筆（字が書けない）ながら断ることができず…。斎場で同じ帳場を任されたもう一人も無筆と判明し、今回は銘々付け（向う付け）にしようと決める。

Niyo's comment

うちの師匠が『米朝落語全集』の編纂作業をしてはった頃に、米朝師匠の「向う付け」の音源が見つかって。それまで米朝師匠の「向う付け」は知られてなかったんやけど、出てきたから全集に新たに入れはって、師匠も高座でやらはるようになって。聴いたらおもしろくって。人が死んでいるのに、わりと陽気な噺で。アホ（喜六）がやっぱりかわいい。御寮人とこ行って、「つろおまっしゃろけど、どうせ次はあんたの番やで。また向こう（あの世）行ったら、一緒に所帯持たはったらよろしねん」とか、えぇこと言う。「ご飯もこちらでよばれます」とか（笑）。そうやってアホなこと言うてしまうところが好きで、やりたいと思いました。

次の御用日《つぎのごようび》

金魚屋とか氷売りとか。古い大坂の情景がいいなぁと

教わった師匠 | 桂米二

story あらすじ

夏の昼下がり、丁稚の常吉をお供に縫い物屋へ出かけたおいとさん。すると道すがら、借家に暮らす藤吉と遭遇。藤吉が冗談半分に、「アッ！」と不気味な声で2人を驚かせたところ、いとが気絶。健忘症を患ってしまう。おさまらない父の佐兵衛はお上に訴え、裁判が開かれるも罪状を正確に述べる奉行が喉を痛め…。

Niyo's comment

大坂の町がたくさん出てくる夏の噺。昔の金魚屋とか氷売りとかの売り声が出てくる。そこがいいなと思ってね。風情があって。でも難しい！聞いたことないし、そもそも。（登場する）安堂寺町は身近な町で。安堂寺橋を実際に通って、たしかに薄暗いな、なるほどなるほど、と確認したり。この噺は、やっぱり古い大坂の情景が描かれているのがいいなぁと。あと、生意気やけど、とっても健気な常吉がかわいい。とうやん（お店のお嬢さん）を僕が一生懸命守らなあかん！という気持ちがね。見せ場は最後の「アッ！」やけど、これも難しい。まだ数回しかやったことがないネタやから、また夏に。

やきそばパン先生 with Rの波瀾万丈。

二葉さんにとって、とびきり刺激的な"解放期"だった高校時代。今なお慕う恩師、「やきそばパン先生」と"あの頃"をプレイバック!

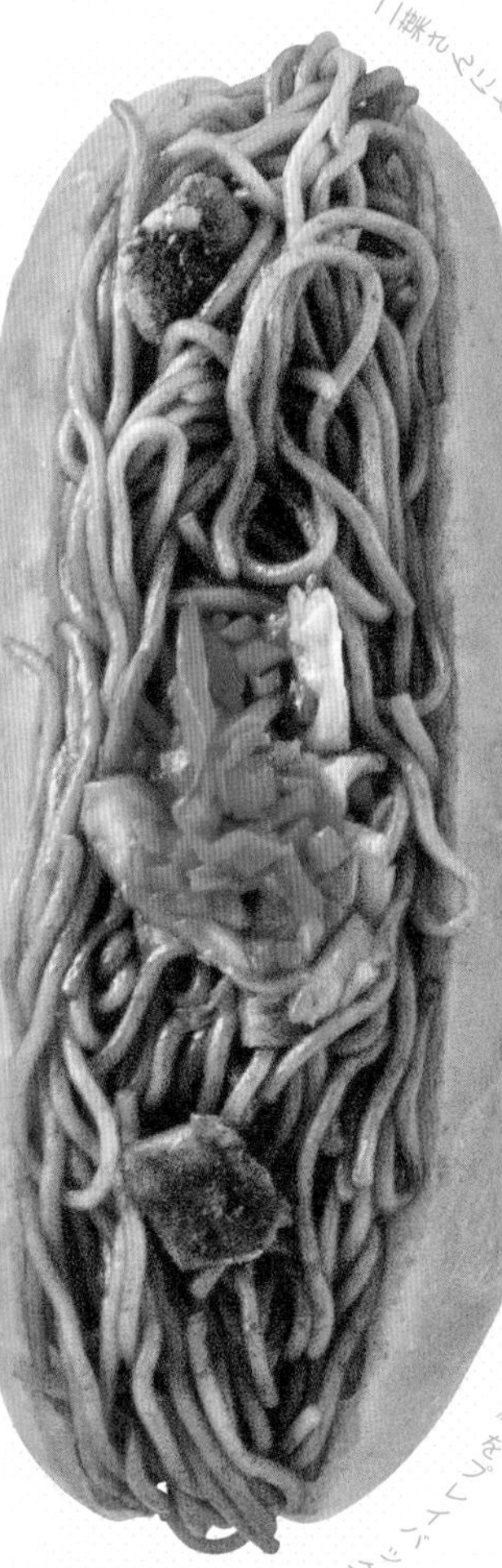

教室入り口に立っているだけで「じゃまッ!」と吐き捨てるオオハラさん、テスト中にカーディガンの袖口に携帯電話を隠し入れ、「今から問題読むから答えて」と誰ぞやに聞くエマちゃんなど。二葉さんの高校生活を彩った豪胆なクラスメートは、今や落語のまくらやラジオのトークで語られることもしばしば。他人事だから笑える、そんな肝が据わりきった生徒たちに愛され、二葉さんが今なお慕う「やきそばパン先生」。前回会ったのは年季明け頃。久々に再会した先生と二葉さんが当時のことを振り返る。

「ゴールデンウィーク明けに、先生がパーマあててきはったんですよ。着任した翌月に。で、多分私が言うたと思うんですけど『やきそばみたいやの〜!』って。でも、やきそばだけやったら頼りない、パンつけろって誰かが言うて、そこからみんなが先生のことを『やっき〜』って呼んで」。約20年ぶりに愛称の由来を聞いた先生は「そんなんやったっけ!?スタートライン忘れてしまったんよ〜」と、まるで同級生と話すみたい。

先生は大学卒業後、初めて赴任した先が二葉さんの通う女子高だった。「社会人1年目やから、先輩の先生の授業を見学させてもらおうと思って。初日の一番最初の授業。失礼します、言うてのぞきに行ったら、女の子が50歳くらいの細身の男の先生を壁にバーン!と打ち付けて、傘先で壁をガンガン突きながら『オラー!』『謝れや!』って。私にとっては初めての学校やし、『これが社会なんや…』と。それが二葉さんのクラスやった(笑)」。

今やドラマも描かぬバイオレンス。激烈な2年R組で英語を受け持つことになった先生は、生徒から「パーマあてたやろぉ〜」とイジられようとも、「わかる?」と照れまじりに応えるまっすぐな人だった。「先生はえぇ格好しはらへんから。みんな親しみが湧いたんとちゃうかなあ」と二葉さん。

「今でも頭に浮かびますけど、二葉さんはスーパーロングのお団子ヘアで常にニコニコしててね。なんでこの子、ここにおんねやろ?って。芸術が好きなんやろうなっていう感じの、茶目っ気たっぷりのいたずらっ子で。番長にも愛されて、みんなとうまいこと付き合ってる。クラスには不良…じゃないですけど、恐ろっしい子とおとなしい子がいてパカッと分かれるんですけど、彼女はその真ん中にいてみんなをつないでくれる存在なんですよ。学級委員長もやって。卒業後も何かあったらみんなを集めてくれて。将来、会社員とかに収まる子ではないと思っていましたけど、まさか人前に出るお仕事とか…そんなことは全然想像してなかったです」

当時の二葉さん、もとい西井史さんは、母の助言を得て、日々巻き起こる波瀾万丈をノートに書き留めていた。クラスの2大番長がおっかなすぎてまじめなMさんがびびった話、授業参観で流暢に英文を読むやきそばパン先生に「練習してきたやろ〜」と容赦ないツッコミが飛ぶ話、などなど。ネタには打ってつけでも、教壇に立つ先生にはさぞや残酷…と思いきや。

「当時は私も23歳やから。青春盛りで楽しかった。それに彼女たちも仁義はわかってるんですよ。嫌な大人に対応するって本当に嫌じゃないですか。メンタルやられるっていうか。でも対子ども(生徒)ならそんな気持ちにならない。彼女たちには伸びしろがあるから。まだ変われる、っていう可能性がある。私には未来はないけど、生徒たちには未来があるっていつも感じてるんですよ。なんか、すごいえぇ格好してるみたいですけど(苦笑)」。

二葉さんは高校卒業後も、先生のお誕生日を思い出してはLINEでメッセージを送ったり、修業時代は京都の自宅に先生を招いてたこ焼きをふるまったりした。対してやきそばパン先生も、初版の単行本、桂米朝『落語と私』を古本屋で見つけて「まさに彼女が持つべき本」と、メッセージカードと併せてプレゼントした。そのカードには、自己を追求し、研鑽を積むべき芸に挑む彼女を励ます言葉も添えられていた。インドの高僧が語ったとされるその言葉は、"汝の源を知れ。または誰が放たれる光そのものであるかを"。

生徒たちにとっては、先生であり心開ける先輩でもあったやきそばパン先生。年上であろうが年下であろうが人とまっすぐに向き合うその姿勢は、のちに落語家となる二葉さんの萌芽を刺激したに違いない。

二葉さんに“しょーもない”質問 (2/4)

Q17. 好きな数字は？　A. **4**

Q18. 好きな文房具は？
A. **マジック**

Q19. 好きなYouTubeチャンネルは？
A. **「[落語の東西] 笑福亭べ瓶でっせ！」**

Q20. 印象に残っているテレビ番組は？
A. **「きらきらアフロ」**

Q21. 欠かさず見ているテレビ番組は？
A. **「探偵！ ナイトスクープ」**

Q22. 座右の銘は？
A. **「明日はまた明日の太陽がピカピカやねん」**※6

※6　漫画『じゃりン子チエ』の主人公・竹本チエの言葉。

Q23. 口グセは？
A. **「うっさい黙れ」**

Q24. 得意料理は？　A. **鍋焼きうどん**

Q25. カラオケの十八番は？
A. **白木みのるの「銭$ソング」**※7

※7　1971年から「週刊少年キング」に連載されていた古谷三敏の漫画「マンダム親子」のイメージソング。赤塚不二夫が作詞を担当。

Q26. 今までした習いごとは？
A. **お習字（6歳～22歳）**

Q27. ペットを飼ったことは？
A. **ないです**

Q28. 学生時代の部活は？
A. **中一の時だけバレーボール部**

Q29. 子どもの頃のあだ名は？
A. **だあちゃん、だあ、だっぽ、ぽつ**

Q30. 子どもの頃の夢は？
A. **なかった**

Q31. 子どもの頃のヒーローは？
A. **たかふみくん**※8

※8　小学校時代に通った学童の2つ年上の先輩。人前で堂々とアホなことができる姿にあこがれていた。

Q32. 行ってみたいところは？
A. **ほんま、ちょっとなくて、スイマセン…**

KATSURA NIYO × SHUNPUTEI ICHIHANA

春風亭一花さんと

江戸と上方
落語のはなし、
落語界のはなし

二葉さんいわく、「急にできた親友であり同志」と
飛び切りの信頼を寄せる春風亭一花さん。
二人会のために来阪した一花さんを
二葉さん自らたこ焼きを作って歓待！
尽きることのない落語の、落語界の四方山話に
花を咲かせました。

春風亭一花（しゅんぷうてい いちはな）

東京都台東区生まれ。2013年5月に春風亭一朝に入門。2014年5月横浜にぎわい座にて初高座。演目は「子ほめ」。2014年11月楽屋入り。前座名「一花」。2018年3月二ツ目に昇進。出囃子は「晒女（さらしめ）」。

落語の捉え方みたいなものが似てる

— お二人は芸歴が近く、年齢的には同級生。東京・大阪と生まれ育った土地は異なるものの、ともに郷里の古き良き情緒と品性を大切に古典落語に向き合う姿勢がとても似ていらっしゃいます。初共演は2019年。吉田食堂さん（P109）が企画された二人会ですが、当時はお互いにどんな印象を持たれていましたか？

二葉 一花さんの存在は以前から知っていて。名前も似てるなぁと。いろんな人から「二人会やりぃや。合うで!」ってよぅ言われてて。気になっていたっていう感じですね。

一花 東京では、二葉姉さんと先に何度も共演されているお姉さんたちがいて。蒼井優ちゃんに似ためちゃくちゃかわいい子がいるって聞いてて、会ったらめちゃくちゃ毒舌（笑）。毒舌って表現は違うかな。ハッキリものを言う人。それが私はもうハマっちゃって。気持ちのいい人だなと思って。

二葉 初対面やったけども、なんせ落語の話をしてたんやと思う。

一花 要約すると、〝ジジイども見てろよ〟っていう話をずっとしていましたよね（笑）。

二葉 落語に対しての思いというか、捉え方というのが、多分似てるなぁというのはめちゃくちゃ思っていて。私なんかギャー!って言うほうやけど、一花さんは声を全然張らはらへん。でも、目指しているところはとっても似てるんやろうなと。

一花 東京ではあんまりできなかった話とか、フラットな感覚で話せる。なんというか、似ているんだと思います。言ってることがよくわかったし。初対面だったんだけれど、すごい盛り上がって。

二葉 どこが似てるか?って、落語の登場人物の捉え方や演じ方みたいなもの。上方落語でいう甚兵衛さんやったら、この人はおっさんや、とかじゃなくて、この人はとても物知りな人だ、とか。〝男を演じてる〟という感覚じゃないと思うんやね、多分。

— 性別や年齢ではなく、キャラクターで演じていると。

一花 （深く頷いて）わかります。その感覚は私もあまり持ってないんですよね。日常でも、男の人だからとか、女の人だからって感じで接していない部分があって。

二葉 演じていても、自分の言葉として出すっていう感じやんね。だからとっても自然な落語になるんじゃないかなと思うんやけど。

一花 姉さんとしゃべっていると、落語の世界観がすごく好きなんだろうなって。姉さんは好きな噺があって、それをしゃべりたいからしゃべっていて、この落語はこの部分を聴いてほしくて、この人物が好きで、というのが一席聴いただけで伝わってきて、私は感動しちゃって。こんな人がいるんだ!みたいな。女性の噺家では稀有な存在というか。姉さんみたいな人、あまりいないかな。

— 二葉さんから見て、一花さんはどんな落語家さんですか？

二葉 まず落語がとっても上手いし、こんなに嫌みのない落語ができるのか!って。聴いててとっても気持ちがいい。で、出しゃばらはれへんねんね。聴き手が賢くないと気づいてもらわれへん、この上手さは。それぐらい上手いし、それぐらい自然に落語をしてる。

一花 照れる…（笑）。

二葉 そこが最大の魅力。こんなに自然に古典落語ができる人はいぃひん。でも、派手か地味か?いうたら地味。めっちゃ地味やけれども、それはそれでまた良さやし。噺をとってもシンプルに、スーッと伝えてくれる。いらんことをまったくせずに。とってもいい落語やなって。そう思ってるのは私だけじゃなくてたくさんいる。

— 上方は約270人いる落語家のうち、女性が20数人。江戸は約600人の落語家さんがおられて、そのうち女性は?

一花 今、増えましたね。落語協会だと20人いるかな。（落語）芸術協会や立川流がまた増えていて、全部で40人いるかいないかぐらい。

— 増えたのはここ数年ですか？

一花 ここ10年くらいじゃないですかね。私がちょっと増えた時代の入門です。こはる姉さん（立川こはる、現・立川小春志）、ぴっかり

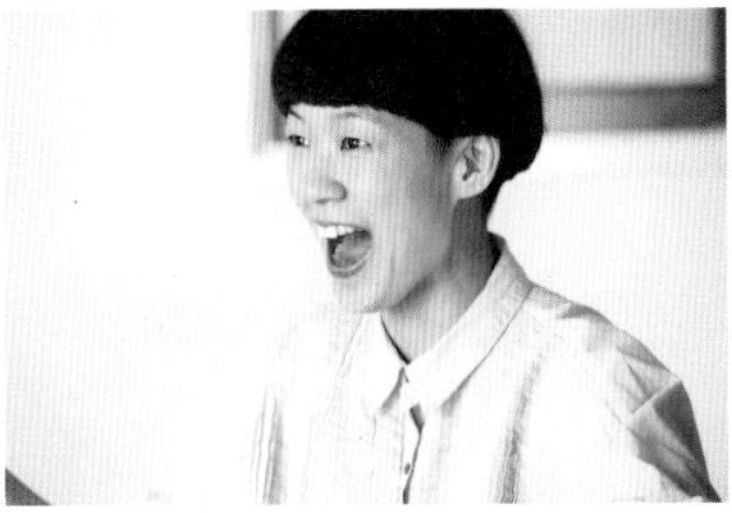

姉さん（春風亭ぴっかり☆、現・蝶花楼桃花）あたりから増えていると思います。

師いわく「まじでわからないんだよね」

──一花さんは粋な江戸前の芸で知られる春風亭一朝さん門下に、二葉さんは米朝師匠の芸をまっすぐに伝える桂米二さん門下に弟子入り。ともに東西を代表する正統派な師匠方ですが、そもそも一花さんはどうして一朝師匠の元に入門を？

一花　私、そんなに落語に詳しくなくて。

二葉　私もやで。

一花　いろんな方の落語を聴いて、この師匠がいいなと思って。感覚です。多分、私が詳しかったら一朝のところに行ってないと思うんです。というのは、女の人を取らない師匠だったらしくて。

二葉　それ知らんと行ったんや？

一花　何も知らず。そう、すごいよ（笑）。下調べなしで。いっぱいお弟子さんいるから…。

二葉　取ってくれそうやと？

一花　そう。何も考えず（笑）。だから私が入った時は兄弟子みんなびっくりして。師匠は取らないと思ったって。

二葉　それ、なんか言われへんかった？

一花　最初はやっぱり断られて。

二葉　女やから取られへんと？

一花　いや、厳しいからやめた方がいいよって。女っていうのは、その時言われなかったんですけど。なんかね、私の誕生日が師匠のお父さまの命日と一緒だったんです。で、師匠がご縁を感じてくださったのか、私の切羽詰まった感が伝わったのか（笑）。新宿の喫茶室ルノアールで話聞いてもらって。すごい緊張してて。もう何話したか覚えてないんですけど、わーっとしゃべって。そうしたら最初は厳しめの顔してた師匠が、笑いながら「わかったわかった、取るよ」って。感動しすぎて泣いちゃったんです。それが最初のしくじりです。周りに会社員の人とかいる中で、おじさんが就活生泣かしたみたいな感じになって（苦笑）。弟子入りする時に、うちの師匠は「僕、まじでわからないんだよね」って言われたんですよ。

二葉　おー。

一花　「女の子を育てたことがないし」って。私、師匠はすごいなと思って。

二葉　（拍手しながら）それ、うちの師匠も言った。

一花　すごいすごい！

二葉　「俺もわからへん。だからネタも何を教えたらええかわからへん」って。それで「どう？何がいい？」って聞いてくれて。

一花　一緒！

二葉　普通やったら、師匠が次はこれって言うもんやけど。

一花　一緒です。「わかんないから、いろんな人を見て」って。

二葉　一緒に考えよう、っていう感じで。いい師匠やなぁ（笑）。

一花　なんとなく似てる。

二葉　でも、めっちゃ大変やったと思う。弟子入り時分は。師匠だけの問題じゃないっていうか。周りの人からの目ぇが多分…。強烈やった。

一花　その時ってやっぱり、まだあんまり女性は…。

──許容されていない感じ？

二葉　全っ然。米朝一門に女の噺家があんまりいぃひんかったし。で、またうちの師匠はいわゆる正統派と言われてて、そういう人が女を取る。しかも個性的な髪形の女を。どういうこっちゃ？って、みんな思ってたはず。だから「米二、御乱心やな」言われたみたい。

一花　その感じ、すごいわかるかも。「一朝さん、どうしたの？」みたいな空気があった。

二葉　そう。女なんて、みたいな。

一花　見習いの時、それ一番キツかったです、私も。最初、親戚の子なのとか言われたんですよ。

二葉　アハハハハ（笑）。

一花　師匠が弟子入りを断れない、むげにできない理由がこの人にあるのかな？って（笑）。「いや、全然違います」って。師匠がそういうふうに何か言われるのって胸痛いですよね。

二葉　胸痛い。だからほんま、賞（ＮＨＫ新人落語大賞）を取れた時

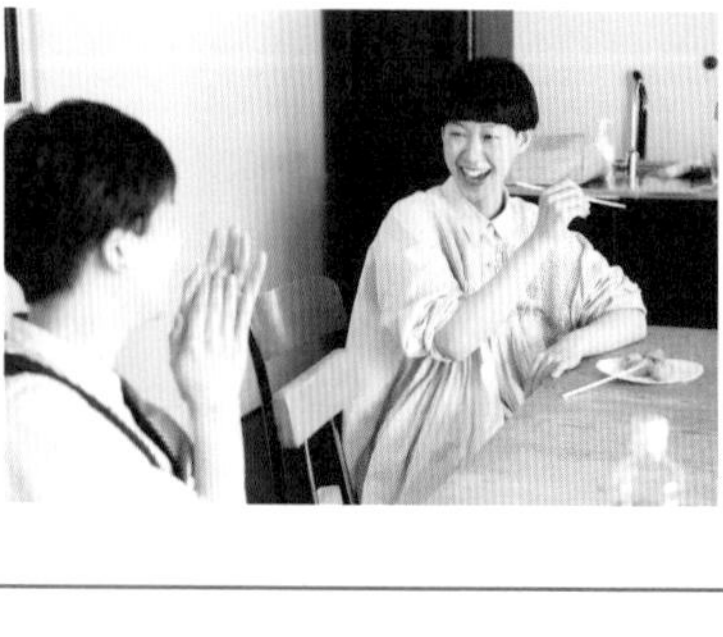

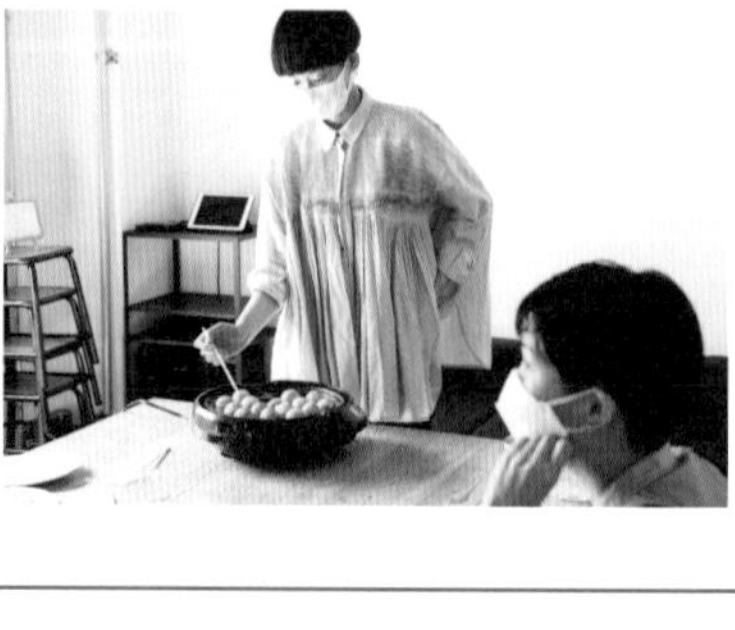

は…「弟子に取って良かったと思った」って師匠が言ってくれはって、めっちゃうれしかった。

一花　やばい、そんなの。泣いちゃう。私まで感動しちゃう。師匠孝行できるタイミングって、ないですからね。

江戸にはほぼ皆無の〝三遍稽古〟

一花　修業時代、姉さんは米二師匠のおうちへ通ってたんですか？

二葉　通ってた。毎日。

一花　厳しかったですか？

二葉　厳しかった。毎日泣いてたと思う（笑）。何回も同じことで怒られてた。

一花　うちの師匠、怒らないんです。

二葉　うわぁ、そうなんや…。

一花　一朝一門は放ったらかしです。怒らないのが反対に怖いんですよ！

――師匠のおうちへ通われることもなく？

一花　通いもしないし、かばん持ちくらいかな。

二葉　寄席に毎日行ってたんやね？えーっと、なんやったっけ。そう、〝スーパー前座〟って言われてはった。

一花　それ、やめてください（苦笑）。

二葉　ほんまにめちゃくちゃよくできはる。楽屋働きが。

一花　でもね、姉さん。私、権太楼師匠によく怒られましたからね。

二葉　うそぉ!?ゴンちゃんに？

一花　今だから笑えるけど。その時はもう、楽屋が氷のように…。

二葉　例えば、どういうようなことで？

一花　それこそ、動きすぎ。気まわしすぎって言われて。勉強になりましたね。落語家になる前に割烹料理屋さんで働いていて、その時の気働きみたいなのが染み付いちゃってて。そういうことじゃないって。楽屋で気遣うっていうのは、空気になることだ！みたいな。何でもやればいいわけじゃない、って。

二葉　そんなん言うてくれる人、いいひん。

一花　そう、本当にありがたい。きちんと叱ってくれる人今は少ないですから。

――修業中、寄席へ毎日通うのは江戸ならではですよね。上野鈴本演芸場、新宿末廣亭、浅草演芸ホール、池袋演芸場と東京には4つの定席がありますが、預けられる小屋は決まっているんですか？

一花　決まっています。割り振られるので。昼夜どこかに必ず入っていて、365日行くんですけれど、その間に他の一門のお弟子さんは師匠のお宅にも通う。うちは師匠の家の用事がないんですよ。掃除とかそういうものはやんなくていいから稽古しろ、と。それは一朝の師匠、大師匠の先代柳朝（五代目春風亭柳朝）の教えで、うちはそうだからと。

――実際の修業はどんなふうに？

一花　一朝一門は兄弟子が多くて。私は8番目の弟子だったから、兄さんたちに教わることが多かったですね。みんな言うことが違って、それがとても良かったんですよ。兄弟子7人ともキャラが違うのが。落語のお稽古も最初は師匠のところに行って、そこから兄弟子を回っていきました。

二葉　へぇ〜！

一花　柳朝、一之輔、三朝、この3人に行けって言われて。順番に回っていって。みんな性格が違って、柳朝師匠（六代目春風亭柳朝）は二乗師匠（桂二乗・P22）と似てらして、きっちりして穏やかで。まずは大きな声でストレートに。三朝兄さん（春風亭三朝）は何でも知ってる。具体的なんですよ。一之輔兄さん（春風亭一之輔）は怖い。ずっと睨まれているようで、めちゃくちゃ緊張して。感覚派で、ある時、「声変えるな」と言われました。いまだにそのアドバイスが一番大事だったりする。

二葉　なるほど。わぁ…、すごい。

一花　女子だから、男の人をやろう！って、すごいこう…。

二葉　声を変えてる人、いはるもんねぇ。

一花　そうですね。

―― 声を変えないで、どうやって演じ分けるんですか？

二葉 まぁ、ちょっとは変えるねんけど。どうしても二人でしゃべってたら、抑揚をつけないとあかんので。がーんと落とすんじゃない。例えば甚兵衛はんの方を落とすのでも、ちょっと落としたり、ちょっとゆっくりしゃべったりとか。

一花 (女性の落語家で)一番変えてないのは、多分二葉姉さん。

二葉 そこじゃないねんな。

一花 私はまだちょっとね、甘いんですよ。それを悩んでます。

二葉 いやいやいやいやいやいや。ご謙遜を。

一花 もうちょい自然体でいきたいけど、なかなか難しい。

二葉 お稽古は週1くらい？

一花 覚えたら次の噺にいきます。姉さんは？通いの時って。

二葉 うちは2週間に1回くらいお稽古があって。三遍稽古なんやけど。

一花 えぇーっ!!すごい…。

―― それほど驚かれることなんですね!?

一花 やったことないです、三遍稽古。

二葉 ちゃうんや!!えー!ほんなら、ちょっと待って。音録って覚えてきて、見てもらう？

一花 そうです。三遍稽古やる師匠って、最近の東京にはほぼいなくて。私が知ってる師匠でお一人です。どうして減ったか?って、やる師匠も大変だから。

二葉 そう!大変やと思う。三遍稽古って、冒頭の「こんにちは!」から1分くらいかな?もうちょっとかな?一つの噺をある程度区切って、その一区切りを師匠が3回しゃべってくれる。ほんで、「はい、やれ」と。「こんにちは!」言うて……、絶句。そこしか覚えられへんねん。で、師匠がもう1回言ってくれて、結局〝三遍〟じゃないねんけども。そんな調子で3時間とか稽古する。

一花 それはすごいわ。

二葉 がんばって思い出して言うねんけど、それでも間違ってたりして。「ちがーう!」って怒られて泣いて。

一花 でも、なんか愛ですね。

二葉 せやねん。ほんまに。途中から、やっぱすごいやさしいな…思て。で、また泣くねん。

一花 (笑)。師匠の愛に。

二葉 三遍稽古は私もやったのは修業中だけで。上方でもやってる人は少なくなってるかもしれへん。

「するってぇと」とか女性は言わない

―― 女性の先輩方にご相談されることもありましたか？

一花 女性同士ってなかなか話さないです。落語については。

二葉 せぇへんねや、話。私は紫姉さん(露の紫)とはする。あとは一花さんとか、こはる姉さん。あやめ師匠(桂あやめ)はお稽古つけてもらったことあるんで。ほんでなんか、私、あやめ師匠に興味あるから、結構聞いたことあるな。「崇徳院」っていう男の恋煩いの噺を女目線バージョンに変えはったことがあって、どうやって変えてはったんか?とか。若い時分に「色事根問」をやった話も聞かしてもらったりとか。「色事根問」はご自分の師匠(五代目桂文枝)の十八番やったから、自分もやりたいと思ってお稽古お願いしてやったと。でも、あれこそ男がどうやって女にモテるか?っていう噺やから、(女性の落語家にとって)いっちゃん難しいやん。

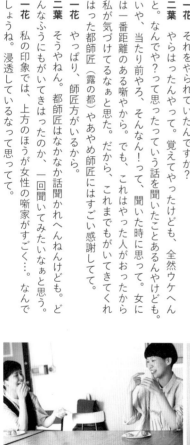

一花 それをやられていたんですか？

二葉 やらはったんやって。覚えてやったけども、全然ウケへんと。なんでや?って思ったっていう話を聞いたことあるんやけども。いや、当たり前やろ、そんなん!って、聞いた時に思って。女には一番距離のある噺やから。でも、これはやった人がおったから私が気づけてるなぁと思た。だから、これまでもがいてきてくれはった都師匠(露の都)やあやめ師匠にはすごい感謝してて。

一花 やっぱり、師匠方がいるから。

二葉 そうやねん。都師匠はなかなか話聞かれへんねんけども。どんなふうにもがいてきはったのか、一回聞いてみたいなぁと思う。

一花 私の印象では、上方のほうが女性の噺家がすごく…。なんでしょうね。浸透しているなって思ってて。

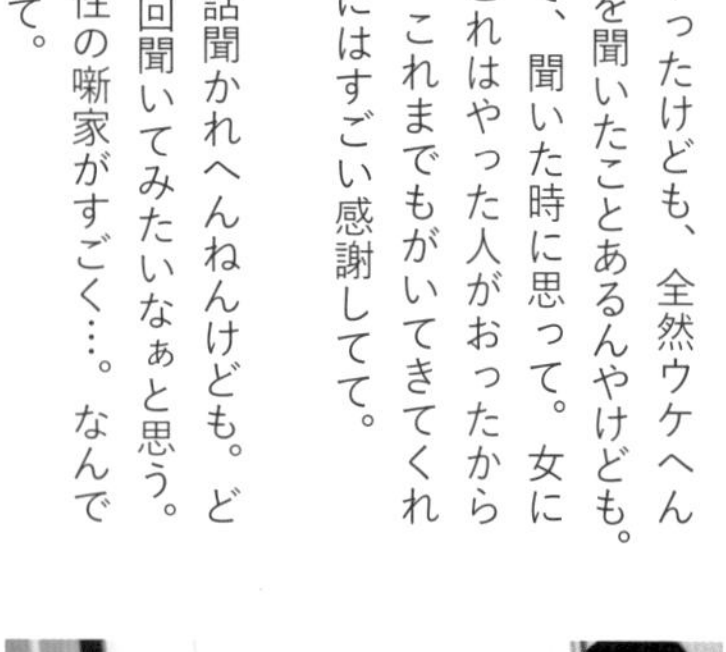

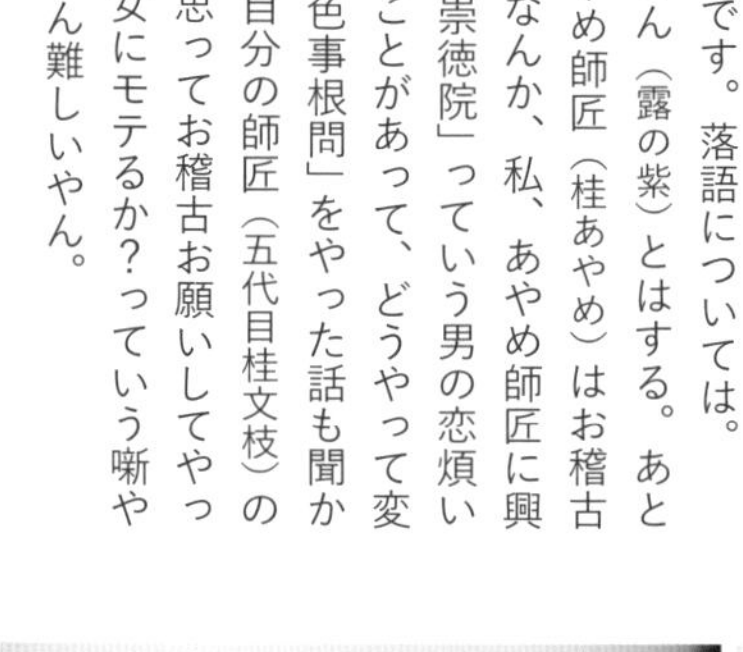

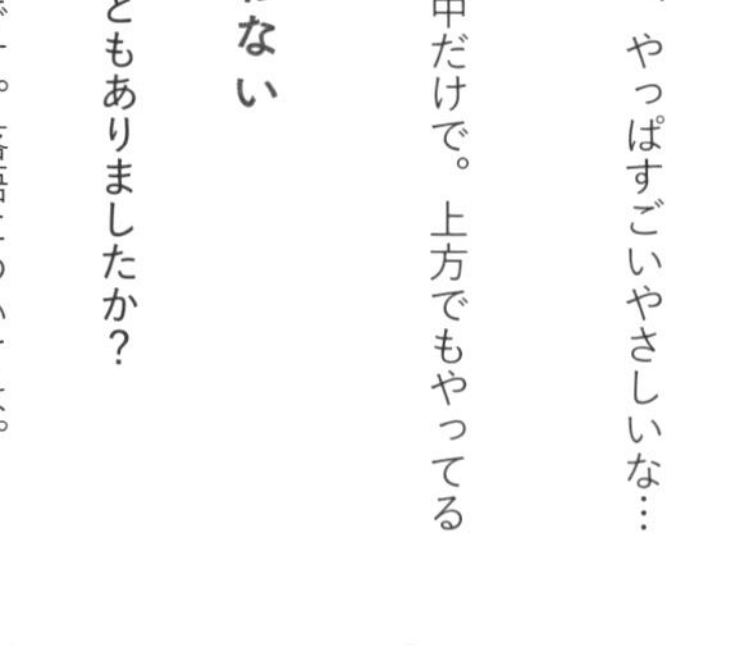

二葉　えー、そうかなぁ？

一花　なんて言ったらいいんだろう。わりと自然な気がして。前座の時だったかな？東西女流の会（「東西女流華乃競艶会」）で前座に入れていただいた時にすごい思ったんですよね。都師匠とあやめ師匠が等身大だって。よくよく考えてみると、その理由はきっと、言葉の違いで。

――それは〝江戸弁と大阪弁の違い〟ということですか？

一花　そうです。私、いつも習った噺をそのままではなく、言い回しをかなり変えています。違和感があるものは、もう習った通りにやらないで、抜いたり変えたりして。だって、江戸弁の「するってぇと」とか女性は言わないじゃないですか。「てやんでい」とか「ちくしょうめ」も（笑）。そういう意味で、やっぱり大阪弁の方が男女の差があんまりない気がするんですね。

二葉　ほんまやわ！

一花　江戸弁は男女の言葉の差が激しいんですよ。大阪弁はやわらかいし、女性が古典落語を語ってもほんとに自然。それが東西女流の会の時に感じた、〝より等身大〟感。

二葉　わぁ～。これは新たな発見やな。

一花　だから、江戸弁って難しいかなって思った。そのままやったんでは…。何かしらちょっと変えないといけないのかなって。でも全部変えるのは違うと思うんですよ。だから、そこの匙加減が…。

二葉　こら、すごいな。めちゃくちゃ難しいなぁ…。

自分の中にないものは出ない！

――一花さんは落語の中で特に好きなキャラクターっていますか？

一花　私、一番やりやすいのは八っつぁんかなぁ。

二葉　八っつぁんって、どんな人やったっけ？

一花　よく出てくる、ご隠居さんにもの聞きに行く人。

二葉　あぁ～、でも与太郎じゃないんやね？

一花　与太郎じゃないですね。与太郎って難しいんですよ、一番。でも、二葉姉さんの与太郎は最強じゃないですか。上方だと与太郎じゃないんでしたっけ？

二葉　喜六。喜ぃさん。

一花　私は八っつぁんが好きですね。しくじりがちな人。ご隠居さんに教えてもらって失敗するあの感じ、すごく身に覚えがある。人の言うことすぐ聞いて、やってみるけど思うようにいかない…みたいなことが自分にもよくある。

――反対に、今のご自身にはできないと思うキャラクターは？

一花　お熊さんです。「鰍沢」の女主人ができない。悪い人、悪い女の人ができない。お客さんにも「なんか、いい人だね」って言われてしまって。あぁぁ…っていう（笑）。だます人とか…。

二葉　できなさそう（笑）。一花さん、いい人やから。

一花　どうにかしてやろう！みたいなおもしろさが出ないんですよね。挑戦するのはタダなんでやるんですけれど、なかなか難しい。

――博打とか始めてみますか？

一花　ちょっとやってみますか。お酒飲まないし、なにか足りないのかなって、最近。

――一花さんの落語を拝見していて、〝悪の要素〟を感じたことがないです。

一花　先輩からアドバイスでもうちょっと毒があったらいいって。

二葉　いやー、どうなんかな？

――毒がない良さもある。

二葉　私もそう思う。うちのお兄さん（桂二乗）も根っからいい人やから。人の良さがにじむ落語で。それがすごくいいなあと。

一花　ないものってね、出ないんですよ。出そうと思っても。

二葉　そう！だから、そこは割り切って芝居するしかない。

未来の話、どうしても聞きたい話

― お二人はご自身の今後をどのようにイメージされていますか？例えば近い未来、5〜10年後に実現したいことは？

二葉 そうですね。まぁわかりやすい目標は、京都の南座で独演会がやりたい、みたいなのはありますね。これはめっちゃ近い、なんなら2年とか3年以内に。

― 大胆不敵！でも、どうして京都南座で？

二葉 かっこいい小屋やから、すごく。伯山先生(六代目神田伯山)がやって満席にしてはったというのもあるし。やってみたい。

一花 南座の後になんですが…。私は内幸町ホール。

二葉 (大笑)。いや、そんなことない！

一花 大きく出て。私にとって、内幸町ホールはでかいんですよ!!

二葉 でかいでかい。

一花 自分一人でやって、チケットを売り切れるようになりたい。今ね、東京ではチケット完売にするってなかなかできないんですよ。本当に難しい。でもね、近くでほら、見事にやってる二葉姉さんがいるから。

二葉 でも見えてると思う。一花さんもNHK(新人落語大賞)取るイメージが。私は結構見えてんねん。あと何年受けられるんですか？

一花 あと5年です。

二葉 いける！いけるいける。

一花 でも、言ってくれるの姉さんだけなんで(笑)。この前も「卑屈になったらあかんで！」って言われて。本当そうだなと思って。

二葉 弱腰やと勝たれへんから、絶対に。強気でいかないと。

― 次は、ずっと先の未来。例えば50年後はどうですか？

二葉 もうおばあちゃんになってますよね。ほんなら、客席から見られてて、「このババァ、どうやって死んでいくんやろな」って思われるような芸人になっていたい。どういう生活してんねやろ？とか、普段何考えてんのか？とか、そういうふうに興味を持たれるような人になりたいっていうのはずっと思ってますね。なんか、おもしろがってもらえたらうれしい。落語上手いどうこうは、まぁ置いといて(笑)。

― その時はどんな髪形なんでしょうねぇ。

二葉 わからへん。あるかどうかもわからんしなぁ(笑)。

一花 私はこのまま白くなってもらいたい(笑)。

二葉 なりたいなりたい、なりたいけど。そう、(正司)敏江師匠みたいな。あんな感じなんですよ、イメージ。なんかおもろいな〜、みたいな。そういう感じにすごいあこがれてます。今でもおもろいことは大事にしてますけどね。

一花 まだ具体的じゃないですが…。姉さんとやっぱり似てるなぁと思ったのは、私も最終形態はおもしろいおばあちゃんが目標なんです。でも噺家でおばあちゃんってすごい難しいって言われたことがあるんです。

二葉 そうなん!?誰や、そんなん言うてんの！

一花 江戸落語独特の〝枯れ〟を美学と捉える人たちからすると、やっぱりね、おばあちゃんってね、色気がなくなりがちだと。それはわかる！わかるけれど、私は決めてしまいたくない！みたいな。今、東京で初めて真打になった女性の師匠方で、おばあちゃんはまだいないんですよ。だからまだ誰にもわからないじゃないですか！その師匠方がどうなっていくのかもめちゃくちゃドキドキだし。それを見ながら自分自身も不思議なおばあちゃん、おもしろいおばあちゃんになりたいって思っています。だから、若手のうちとか女の子はどうとかいう話は、ぶっちゃけそんなに興味なくて。それより、自分がこの先どうなっていくか。

― 80代のお二人の共演もとてもとても楽しみです。最後に、これだけは聞いておきたい！ということはありますか？

二葉 今、何のネタを覚えたはるんですか？

一花 そう、毎回この話するんですよ。私、今は「夢の酒」を。これはちゃんと姉さんからのアドバイスも踏まえて。自分が好きなネタで、なおかつニンが合う、むちゃしていないものを選んで。姉さ

んは今、何を？

二葉　今、覚えてへん。なんにも。でもやりたい噺はいろいろあって、「長短」とか「まめだ」とか。

一花　「長短」、いい！姉さんの「まめだ」も絶対いいですよ。

二葉　あと、「除夜の雪」もやりたい。うちの師匠がよぅやってんねんけど。「一人酒盛」とかもやりたい。

一花　あぁ〜、いいねぇ！酒の噺は全部網羅してほしい（笑）。

――お稽古中のネタは気になるものですか？

一花　一番気になります。会うとこれだけは確認する。今何やってるの？って。

二葉　一花さんはいつも攻めの姿勢ですてきやなって思う。「愛宕山」とかやってはって。「愛宕山」は私も好きやけど、やれそうにない。出てくる人が多いから難しいのもあるし、太鼓持ちとか旦那をやるのはめっちゃ難しいと思う。

一花　「愛宕山」は、やっぱ旦那が難しくて。ハマらないんですよ。あれができるようになったら…。

二葉　旦那は一番のネックやわね、私ら。年も、見た感じも、声も、あまりにかけ離れてるから。でも、できるようになってくると思う。年いってきたりすると。だから楽しみやけど。得意ネタは？って聞かれたら？

一花　自分はわりあいたくさんの人が出てくる長屋の噺。「黄金の大黒」とか〝知ったかぶり〟（「やかん」）も好きですね。あと、それこそ結婚してからは「厩火事」。でも、こはる姉さんに「気持ち悪いよ。お前ん家の話、聞いてるみたいだな」って言われて（笑）。

二葉　すごいこと言わはる（笑）。

一花　うれしくて。それでいいんだな、みたいな。こはる姉さんがどういう意味で言ったかはわからない。本当に気持ち悪かったのかもしれないけど（笑）。それはそれでいいんだ、と。もっと等身大で。姉さんは得意ネタありますか？

二葉　子どもが出てくるネタですね。あとは、アホと酔っぱらい。この3つでやらしてもうてます（笑）。で、それ以外を強化していってる。

一花　酔っぱらいね！「がまの油」袖で聴いたんですよ、姉さんの。もう悔しくて。私も一之輔兄さんに習って持ってるんです。先ほど話しましたが稽古の時、兄さんは怖いんです。でも唯一、ほほえんでくれたのが「がまの油」だったんですよ。稽古終わった後に「お前、酔っぱらったことある？」って。私は良くてほほえんでくれているんだと思ったら、ひどすぎての苦笑いでした（笑）。

――（笑）。お酒はまったく？

一花　飲まないんですよ。だけど飲まない人の方が冷静に見てる。そういう問題じゃない！と思って。やってみたけど、姉さんの「がまの油」がめちゃくちゃおもしろくて。私はやらなくなっちゃいました。

二葉　酔っぱらいって難しいねん。私、最初にやった時、すごい難しいなと思た。

一花　女で突き抜けた酔っぱらいやるのはこの姉さんだけです。無理無理！無理よ。

二葉　男でもね、きっと難しい。酔っぱらいって、ベロベロになって何を言ってるかわからないと思ってもらわないといけない。でも反対に、何を言ってるかわかってもらわなあかんところが難しい。それに嘘が見えると冷めちゃうから。今、一花さんが〝飲まない人の方が〟って言わはったけど、私はね、酔っぱらった時のあの快感を知らんやつができるわけないやろ！と、ちょっと思てんねん。そらね、見てる分にはわかるねんけど、酔っぱらった時のあの最高の感覚みたいなものは…。

一花　姉さんの「がまの油」には、その感覚がありますよね。

二葉　でもこの理屈でいうと、泥棒の噺をするなら泥棒してなあかんのか？ってなるから。

一花　確かに（笑）。

二葉　弟子入り志願来たら取らはる？

一花　取るわけない！（笑）。姉さんは取ってくださいよ！

二葉　私は取ると思う。来たらね。いい人やったら。

一花　どうします？私が変装して行ったら？

二葉　私より落語上手いやん！

一花　姉さん、〝大阪弁警察〟って最近言われてるらしいから。イントネーション、ずっと直されそう（笑）。

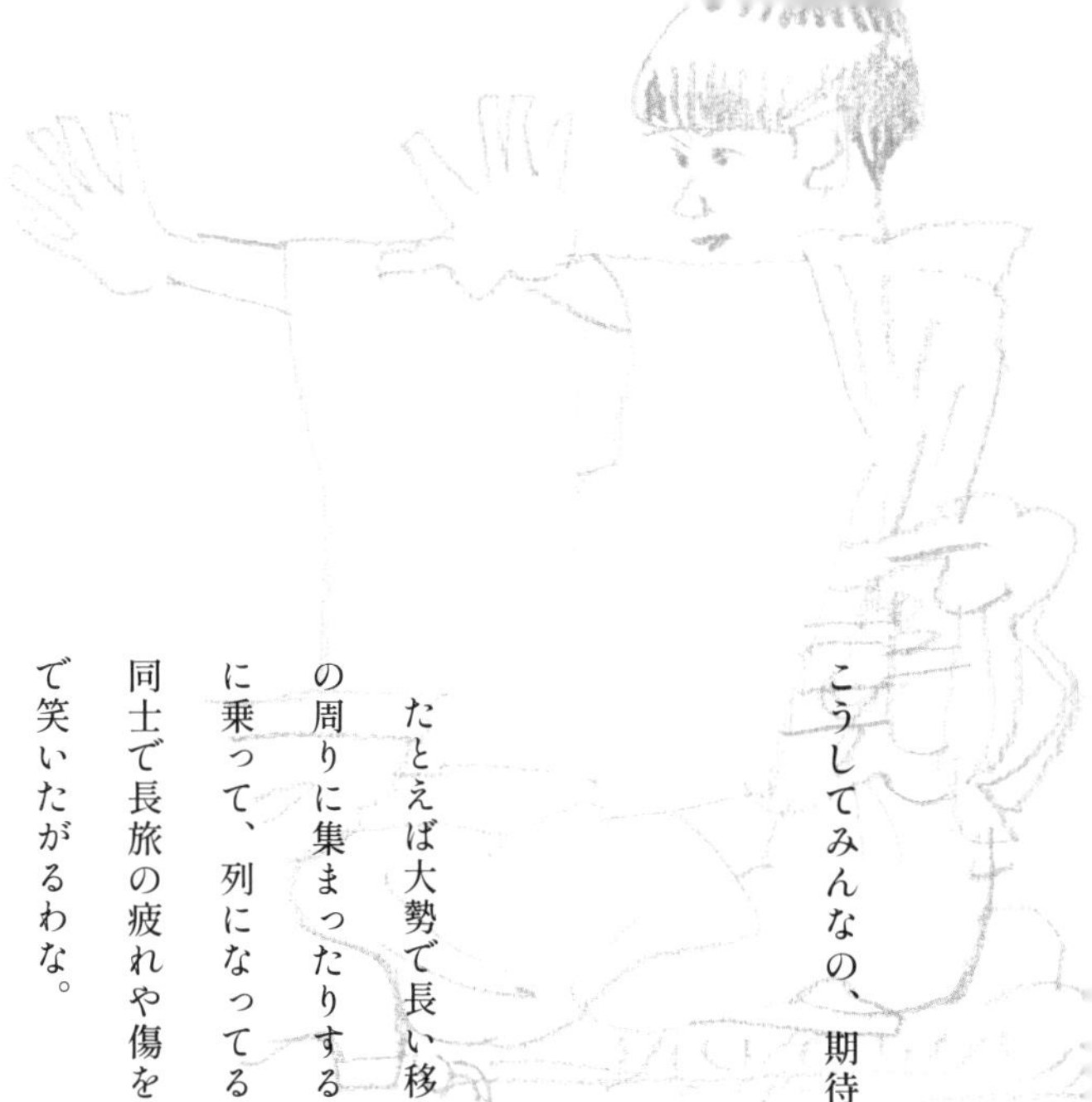

こうしてみんなの、期待に満ち満ちる顔の前で

井戸川射子

たとえば大勢で長い移動で、旅をしてるとして、夜はきっと輪になって、焚き火の周りに集まったりするやんか、そういう物語を読んだことあるわ、みんな別の車に乗って、列になってる時点で旅をしてる仲間で、テントを張って寝て、夜は他人同士で長旅の疲れや傷を癒やし合うねんな、心は楽しみを欲しがって、体はみんなで笑いたがるわな。

　そういう時に円で、ギターとかハーモニカとかの、持ち運べる楽器を出してくるのんも、歌って踊るんも素敵やけど、こんな風に話してくれる人がおったら、それはええわな、人がきっと寄り集まるわな。目と眉、髪が光ってて、自在の顔、発見の顔、最後の一言に行き着く顔、線を引くように高い、少し震わせてるような、聞こえてるそれだけで楽しくなる、清潔な声。

　春の松の枝から生える、葉をまとめた根もとみたいな部分、ここが育って松ぼっくりの実になるんか分からへん、それが一本ずつすっと高く長く、支えもなく上がっていくやん、それがたくさんついてて、松の木は両腕を広げて立ってる、それみたい、その下に人が集まるわ。

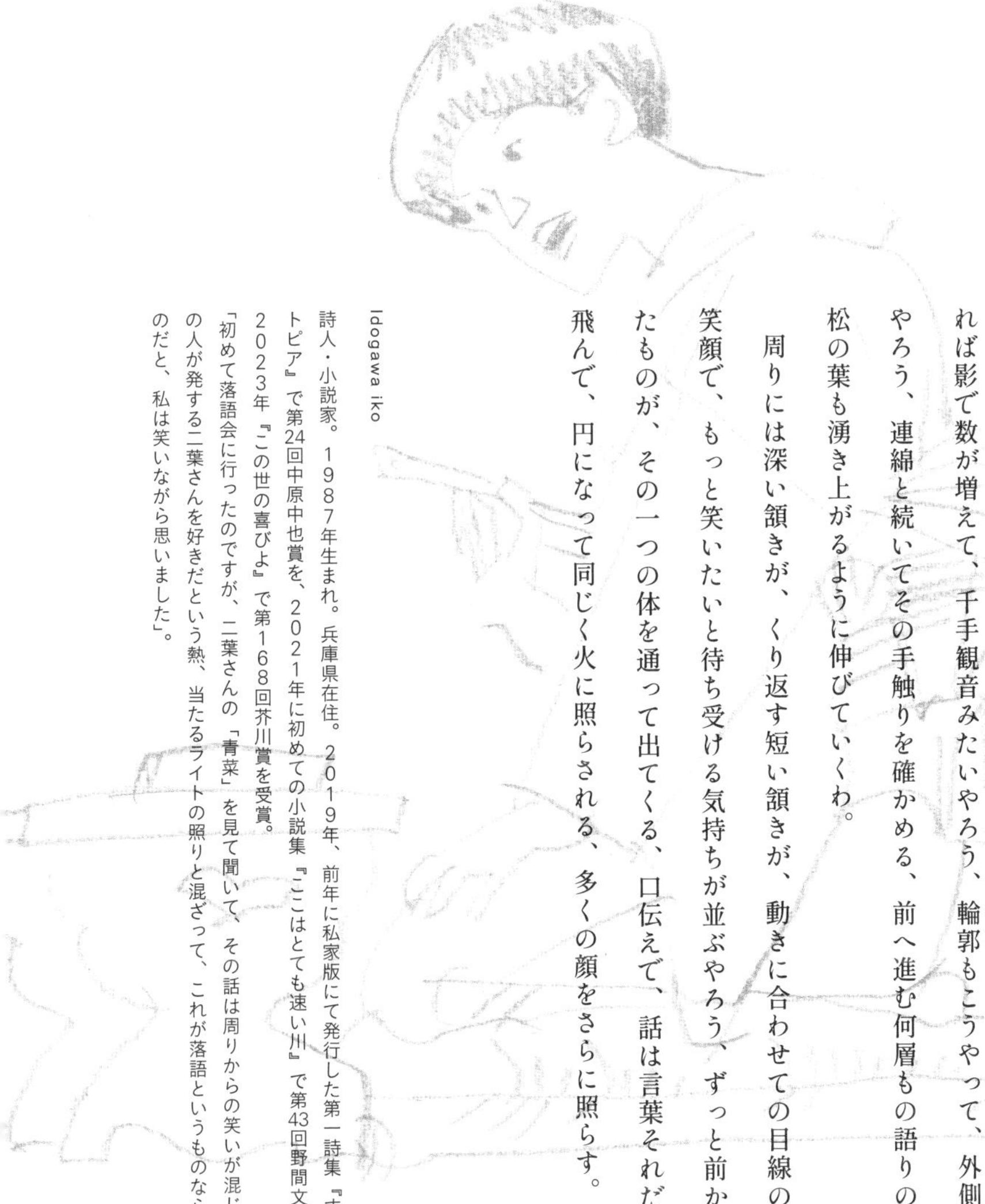

学校の文化祭で劇した時、うちのクラスは背景の青空ばっかり頑張ってん、ダンボール何枚も繋げて、紙と綿貼って色塗って、大き過ぎて平面やと自立せえへんから、筒にしてそれを何本も立てて、それで空やってん、でもあれいらんかったな、言葉と動作でこんなに作れるな、語ることは、何でも作れるいう宣言なんやな。

集まる焚き火の前で話すなら、火の照り具合で上半身の影がくっきり、腕を上げれば影で数が増えて、千手観音みたいやろう、輪郭もこうやって、外側が線で光るやろう、連綿と続いてその手触りを確かめる、前へ進む何層もの語りの中にいるわ、松の葉も湧き上がるように伸びていくわ。

周りには深い頷きが、くり返す短い頷きが、動きに合わせての目線の上げ下げが、笑顔で、もっと笑いたいと待ち受ける気持ちが並ぶやろう、ずっと前から流れてきたものが、その一つの体を通って出てくる、口伝えで、話は言葉それだけで遠くに飛んで、円になって同じく火に照らされる、多くの顔をさらに照らす。

Idogawa iko

詩人・小説家。1987年生まれ。兵庫県在住。2019年、前年に私家版にて発行した第一詩集『する、されるユートピア』で第24回中原中也賞を、2021年に初めての小説集『ここはとても速い川』で第43回野間文芸新人賞を受賞。2023年『この世の喜びよ』で第168回芥川賞を受賞。

「初めて落語会に行ったのですが、二葉さんの「青菜」を見て聞いて、その話は周りからの笑いが混じる声、横や前後の人が発する二葉さんを好きだという熱、当たるライトの照りと混ざって、これが落語というものなら、とても良いものだと、私は笑いながら思いました」

桂二葉《落語》×天才ピアニスト《コント&漫才》

あらためて話す芸のこと、日常のこと…

関西のラジオ局で、おなじ番組の日替わりパーソナリティーを務めるラジオメイト。そして、落語／お笑いという各界で瞠目すべき結果を打ち出す若手同士でもある二葉さんと天才ピアニストさん。芸で生きる女3人が話す、2023年の現在地。

天才ピアニスト

2016年結成。竹内知咲（左）、ますみ（右）によるコント＆漫才コンビ。吉本興業所属。2022年『NHK上方漫才コンテスト』、『女芸人No.1決定戦THE W』で共に優勝、2023年『上方漫才協会大賞』で大賞受賞。毎月、新ネタ6本を披露する単独ライブ「おしゃれしゃれしゃれ」の開催も。

一人でしゃべるか、二人でしゃべるか

二葉　なんか、ちょっとおこがましいんですけど、天才ピアニストさんはおもしろいのはもちろんですけど、"上手い"っていうか。それはやっぱり普段からお稽古を？お二人ともめっちゃ器用ですよね。

竹内　うれしいです。

ますみ　変な上手さじゃないですか？大丈夫ですか？

二葉　いや、すごいっす。落語やらはったら、ピャッとできはりそうな感じですもんね。

ますみ　稽古もね、めっちゃする人としない人がいて。わりと私たちはしたいほう。稽古すると自分たちがネタに慣れちゃって新鮮味なくなって、みたいな人もいるんですけど。二葉さんはお稽古されるほうですか？

二葉　するほうやと思います。新鮮さがなくなるって、そういうことあるんですか？

竹内　いや、私らは、やってから新鮮さを足していくというか。もうガチガチに固めた後で緩めたり、変なことして足していくっていう感じですかね。

ますみ　ガチガチに固めとかんと、本番のアドリブとか瞬間的な表現も出にくいかなっていう感じですね。

二葉　（拍手しながら）めっちゃかっこいいっす。私ら稽古してやるけど、アドリブとかそんなん、100回以上（舞台で）やった後じゃないと出てけぇへんぐらいで…。ダメです。

ますみ　落語家さんって決まった演目をやって、自分なりにその場で味足してもいいんですか？

二葉　全然大丈夫です。ただ、教えてもらう時は一言一句そのまま覚えて見てもらうんですけど。そっからはもぅほぼ自由です。

竹内　へぇ〜！

――竹内さん、ますみさんは、普段落語を観られますか？

ますみ　いや、正直、全然観に行ったことがないです。

竹内　そうですね、私も。でも、二葉さんが単独（ライブ「おしゃれしゃれしゃれ」）に出てくださった後はいろんな動画を見てました。あの、わかんないんですけど、あの時はライトな層でも楽しみやすいネタをやってくださったのかな？って。

二葉　あ、こないだは「天狗さし」（10分ver.）をやって。

竹内　落語に親しみがなくても、すごいおもしろいなと思って。そこから二葉さんがやられた演目の、他の人のやつを見たりしました。それって漫才にはないじゃないですか？同じネタを他の人がやるって。

二葉　そうですよね。だから、落語ってすごい変やと思われてるんじゃないかな？って。江戸時代からある噺をいろんな人がやって、どんなことになるかお客さんもみんなわかってて。

ますみ　お客さんの楽しみ方としては、この演者さんやったら、どう表現してくれるんやろうっていうことですか？

二葉　そうそう。やっぱりやる人によって全然違う印象になるっていうのが、まぁおもしろいところではあると思うんですけど。なんとなく、お笑いの芸人さんからはバカにされてるんちゃうかな？って。あいつら、アホちゃうか！みたいな（笑）。

竹内　いやいやいやいや！というよりも、落語はめっちゃ難しいなぁっていう印象です。よぉやりはんなって。まず、覚えられないですし。私らの普段の（ネタの）尺から考えたら、10分でもエ〜ッ！てなるんですよ。

ますみ　（漫才やコントは）相手の言葉とかがあって、これが来たらこうだって覚えたりするから。落語は一人で、一個の噺のなかで何役もやるじゃないですか？私ら、コントごとに役違うことはあるけど、1本のネタに関しては一つのキャラクターですし。

竹内　考えられないですね。

二葉　逆に、私なんかは一人でやれるからしゃべれるっていう。誰かとやったら絶対しゃべられへん。

ますみ　人見知りという意味でですか？

二葉　（笑）。人見知りやし、人が考えてることを考えられへん。本当に協調性がないっていうか。だから、そぅ！不思議でね。私たちは自分でボケて、自分でツッコむ。自分がどうやってボケるかわかってるからツッコめるけど、二人やったら…。まぁねぇ、長いことやってたら"息"みたいなものがあると思うけど、誰かと

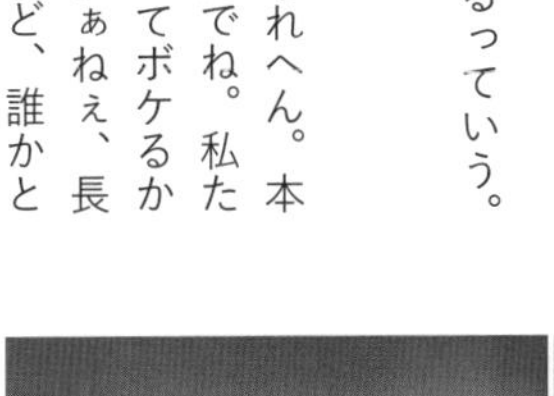

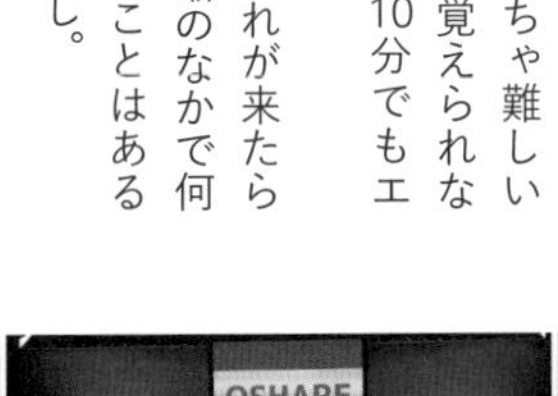

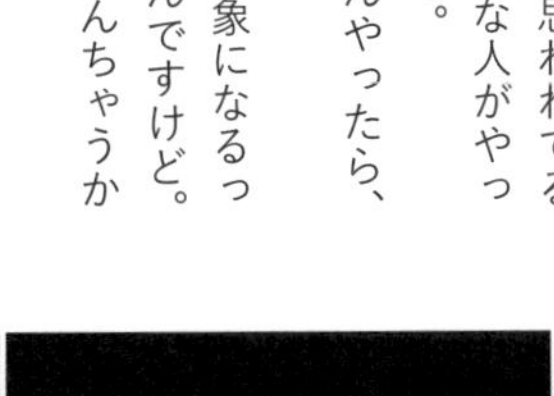

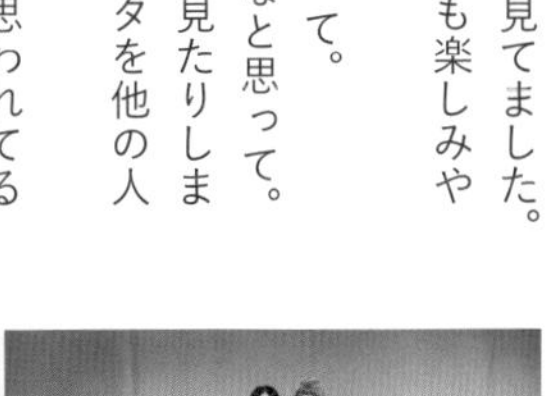

'22年10月に開催された天才ピアニストの単独ライブ「おしゃれしゃれしゃれ【10月号】」に桂二葉さんがゲスト出演。10分×2本の落語を演じた。

二葉「落語って、お笑いの人からはバカにされてるんちゃうかな？って。江戸時代からある噺をいろんな人がやって、どんなことになるかお客さんもみんなわかってて。すごい変なことしてるな、とは思うんですけど」

やるってやっぱり怖い。

竹内 全然違う感覚やな。

二葉 お二人は毎月の単独ライブで6本ネタおろしされるって言ってはりましたよね？

ますみ そうです。

――しかも毎回新しいネタを作られているんですよね。

竹内 でも短いですからね。

二葉 常に、なんかこの新しいことが浮かんでくるんですか？

竹内 あ、浮かぶ日と浮かばへん日があるんですけど。浮かぶ日は何してても、しゃべってても、テレビ見てたりとか、本読んでても、なんかこう思いつくんですけど。

二葉 ちょっと職人っぽい。

竹内 好きですね、ネタを作るのは。

オンエアチェックの恐怖と楽しさ

二葉 ラジオはどうですか？楽しいですか？

ますみ はい、楽しくやらせてもうてます。

二葉 ねぇ。聴かせていただいてます。あはは（笑）。めっちゃ楽しそうですよね。

竹内 楽しいですねぇ。（パートナーのアナウンサー）澤武さんが最高のおじさんというか。でも4時間生放送って、めっちゃ疲れきません？

二葉 疲れてますけどね。できれば、もうちょっとギャラ欲しいなって（笑）。ちなみに他の人のラジオは聴かはるんですか？

竹内 聴かないです。自分らのラジオは聴きます。聴いて、この時ちょっとヒートアップしすぎてんな、とか。そういうのあるじゃないですか？

二葉 えらい。私、聴かへんのです。嫌やもん、もう。

ますみ え、自分が出てるテレビとか見れない派ですか？

二葉 えぇーっと、こないだご一緒やった番組は見ました。恐る恐る。

竹内 ますみも自分のオンエア見たくない。

ますみ 見れないんですよ、怖くて。自分映ってんの、気持ち悪いなと思って。

二葉 もっとええように映ってると思ってるからかもしれないです。

竹内 あ、なるほどね！

二葉 だから、見て傷つくのが嫌やから避けてるんかなって。

――竹内さんがご自身のラジオを聴かれるのは、より良いものを作るために？

竹内 ラジオはそうですね。っていうのもあるし、なんか、それでたまにほんまに笑う時あるんですよ。自分のラジオで。

二葉 へぇ～！

竹内 変な話ですけど、おもろ！ってなって。それで自信を取り戻すっていう。

二葉 なるほど！

竹内 心の栄養といいますか。あ、ここのくだり良かったな！とか。次、これ言われたらこうしよう、って考えるのがなんとなく好きですね、私は。

二葉 かっこいい。かっこいいです、めっちゃ。

竹内 （自分たちの）YouTubeとかも見てるとね、カメラの前におって緊張してるつもりでも、なんか頭掻いてるやん！とか、めっちゃ眠そうな顔してるな、とか。そんなんって客観的に見たらめっちゃダラけてるっぽいなぁ…って。改めて見たら、怖ッ！て。でも見とかなもっと怖い。

お酒、奪われても大丈夫？

竹内 二葉さん、お酒は相変わらず？

二葉 飲んでないんですよ。

ますみ 誰かと飲みに行く時もですか？

二葉 飲まずに。

竹内 すごっ！焼き肉とかでもですか？

二葉　はい。
ますみ　えっ、お酒好きですよね？
二葉　好きやったんですけどね。もうちょっと…。
ますみ　新幹線の帰りだけでも、とかないんですか？
竹内　缶ビール買いたくなるじゃないですか。
二葉　ノンアルコールビール飲んでます。ダサいけど。ほんまダサい。もう酔っぱらってる暇ない。今、なんか本当にいっぱいいっぱいで。
竹内　偉いですね。ストレス溜まってたら飲んでしまうんですよね、結構な量を。だからいいかもしれないです、ほんまに。
二葉　結構、量飲まはるんですか？お二人は。
竹内　量はそんなに。でも、家で飲んでると止まらんくなる日はありますね。良くないなって思いながら、なんか。
二葉　体、大事やから。ほんま、ガタくるから。
竹内　ほんまそうですよね、仕事のこと考えたら。でも、酒奪われたらもう…っていう感じで。二葉さんは大丈夫なんですか？奪われて。
二葉　全然大丈夫です。
竹内　何に逃がすんですか？酒で発散してたものを。
二葉　最近、なんか落語するの楽しなってきてるから。
ますみ　うわ〜！一番いいやん。
二葉　そうなんですよ。酔っぱらいのネタとかあるんで。
ますみ　え、そこで!?
竹内　そんなん無理ですって!!
二葉　（酔っぱらい風に）うぇ〜！いうて（笑）。

おばあちゃんになったら

二葉　私、お二人に聞きたいことがあって。落語家って、なんかこぅ年いったら熟してくるみたいなこと言われる。ほんまにそうなのかどうかはわからないですけど、まぁ90歳の自分をすごく楽しみにしてるところがあって。

竹内　長生きですね。
二葉　はい（笑）。90歳でこのネタやってて、こんな感じになっときたい、みたいな理想があるんですけど、お二人はどういうふうに年をとっていこうと思ったはんのかすごい気になって。
竹内　漫才とかは、その年齢に合った話題っていうのがあるじゃないですか。例えば今なら、私らが好きな人とか、彼氏が、結婚が、とかってリアルやけど、もうちょっと年いってきたら違う話題になってくる。あの、師匠方がやるお葬式のネタとかめっちゃおもしろいんですよ。なぜなら、差し迫ったリアルな話題だから。そうやって扱えるテーマがどんどん変わっていく。コントに関しても、女性がおばあさんになってコントするって新喜劇の女優さん以外いてないじゃないですか。コンビでおばあさんってほとんどいてない。だから、めっちゃいろんなんできるやん！と思って。可能性がまだまだ残ってると思うんですよ。
ますみ　今は変装して、ヅラかぶって、あえておばちゃんとかおばあちゃんの役とかしてるけど、将来はそれなしで。
竹内　髪巻くだけでいけるかもしれへん。それは私らも楽しみにしています。
二葉　やっぱり、生涯やりたいと？
竹内　そうですね。
ますみ　テレビタレントで、っていう思いは私はそこまでないので。単独ライブとかで全国回ったりできる芸人になりたいなと思ってる。
二葉　一緒ですね。私もやっぱり、寄席にお客さん来てほしいっていう気持ちがあって。
ますみ　なんばグランド花月って、吉本（興業）の110年の歴史のなかで一回もつぶれることなく、平日でも800席が満席になってるんです。ほとんど毎日。そういう劇場に今は頻繁に出させてもらってるんですけど、やっぱりそこは大阪の看板芸人しか立てないと思っていて。ってなると、やっぱり賞レースを取っとかないと。テレビタレントとして人気があっても、ネタに保証がないと劇場は出さないんですよね。実績がある人を優先的に出させてくれるので。NGKに一生出続けたいなっていう思いがあるので、出場できる賞レースのタイトルは全取りしたいです。

竹内　「自分のラジオを聴き直して、たまにほんまに笑う時あるんですよ。変な話ですけど、おもろ！ってなって。それで自信を取り戻すっていう。心の栄養といいますか」

NIYO

二葉 ✕ らくだ

古典落語屈指の大ネタであり、また上方落語の代表作の一つ「らくだ」に挑んだ桂二葉の200日。
ネタおろしを決めた瞬間から、大阪［国立文楽劇場］でのネタおろし当日まで、
奮闘の約半年を追いかける。

文／村田恵里佳

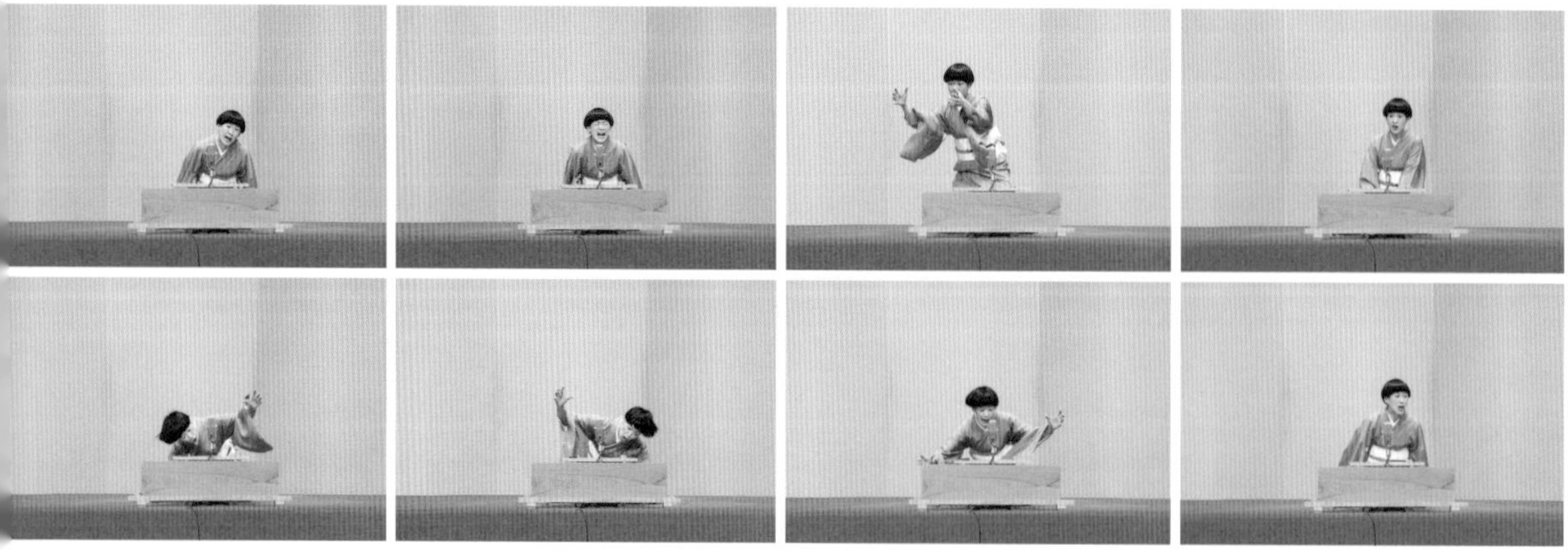

「あと、50歳ぐらいの目標は『らくだ』をやりたい」

春風亭一花さんとの対談（P76）終盤、未来像を話していた二葉さんがふと付け加えた。三代目桂米朝師匠がそのネタをおろしたのが50歳。大師匠の背中を見つめての言葉と思われたが、どうして50歳なのか？を問うと、やや不機嫌な表情を浮かべて、「そんなん今できへんと思うから。ちょっと今は…」と言い淀んだ。そこへ盟友の一花さんは「覚えていいですよ。おもしろいと思う。私はもうやっちゃっていいと思います」と躊躇なく背中を押した。対談日は2022年8月3日。半年後に大阪［国立文楽劇場］で開催される「ABCラジオ 上方落語をきく会」での〝三席ネタおろし〟という大仕事を控え、そのネタ選びに頭をひねっている最中だった。「絶対合う！いないですよ、姉さんみたいな感じで『らくだ』やれる人。性別で分けたくないけど、女性ではいないです」。同志がさらに激励を送ると、「確かにおもろそうやしね、今出すと。…いいかも。いこか！」と前日に36歳を迎えたばかりの二葉さんは古典落語屈指の大ネタであり上方落語の代表作、「らくだ」に挑むことを決めた。性根の据わりきった博徒か、あるいは天下無双のアホなのか。入門12年目、落語の世界ではまだ若手といわれるキャリアを物ともしない蛮行といえる。それも「らくだ」は笑福亭一門の必修科目と名高い。とりわけ六代目笑福亭松鶴師匠が50代の頃、それは1960〜70年代のことだが、その時すでに恒例だった「上方落語をきく会」で披露し、今なお名演と語り継がれるネタでもある。自らを〝武闘派〟と呼ぶ彼女らしく、稀代の名人と同じ舞台で格闘するつもりかもしれない。対談から本番まではちょうど200日。

ネタおろしを決めて100日が経った11月11日。「らくだ」の稽古を付けてもらうべく、二葉さんが赴いたのは三代目桂文之助師匠。豪快で賑やかな笑福亭系ではなく、米朝一門の系譜を継ぐ師匠に教わることを決めた。落語は同じ噺でも一門や演者によって元ネタは異なり、また同じ演者でも初演と何度も高座にかけた後では変化するもの。ネタおろしがいかに元ネタ通りであるかは演者それぞれの感覚に委ねられるが、桂二葉は師匠に教わった通りに演じることを要とする。それは教わった師匠への敬意があるからこそ。文之助師匠の「らくだ」は約50分。大ネタといわれるゆえんはドラマ1本分に比肩する長さもあるが、加えて登場人物が多い。長屋の厄介者であるらくだは冒頭から死人で口無しだが、その兄貴分である熊五郎、長屋に出入りする紙屑屋、長屋の月番、家主、漬物屋、さらにらくだの死骸を運び込む火屋（火葬場）の働き手と、その道すがら出会う願人坊主、セリフがある人物だけでも7名いる。つまり、7役を一人で語り一人で演じる。そのうえラストは夜伽の真似事をする熊五郎と紙屑屋、そして火屋の人間と願人坊主もろとも酔っぱらいという設定。演じることが難しいと言われる酔っぱらい×4の描き分けなど、想像するだに狂気の沙汰。

本番まで58日となった12月23日。喫茶店でコーヒー片手に「らくだはどう?」とたずねると、「まだ4行しか覚えてない」と言い、先月から空咳が出始めたようで「たぶんストレス…」と苦笑いする。そうかと思えば数日後には〝らくだ」を今、必死に覚えています。私には手が届かなさそうなネタやけど、それがワクワクしてます。〟と腹を括ったようにツイート。こうして桂二葉は周囲をほだす。年が明けた1月23日、覚えたネタを文之助師匠に見ていただくも語りがたどたどしくネタおろしの許可はおりず。本番前日まで結果3度にわたる師匠の確認を経て、桂二葉の「らくだ」が初披露された。

2023年2月19日、本番当日。夜の［国立文楽劇場］は約750席が完売の大入り。トリの大ネタで演じられた「らくだ」は手本に忠実、「どストレートに落語をやってる」と常々語る彼女らしい創作や演出が皆無に等しい一席だった。にも関わらず、そこには圧倒的な二葉落語が立ち上がる。我はさておき、職人的な姿勢で噺そのものが持つおもしろさを描いてみたらこうなりました、という滅私の末のパラドックス。そして過去の名演や名人など、どこ吹く風という軽快さで、上手を超えた先の世界へ行こうとする気概が見えた。ネタおろしを決めた半年前には「子ども、アホ、酔っぱらい。この3つでやらしてもうてます（笑）」と自らの得意ネタを話していた彼女が、最強の酔っぱらいに挑みながらも、既定路線から外れ、未知の領域に飛び込みたいと選んだネタが「らくだ」だったのかもしれない。約50分の高座でそのファイトを見せつけ、750名の観客の心を一人残らず撃ち落としながら自らの世界へ引きずり込む、そんな威力さえ感じられた。

「らくだ」に限らず、桂二葉が演じる落語は新作ではなく古典。では、なぜ古典か?と聞けば、「やりがいがあるんですよね。多くの人がやってきたネタを自分はどうするのか?どうモノにするのか?みたいなところにおもしろさがある。（ネタおろし以降も）セリフは一文字だけ変えるとか語尾を変えるとか、そんなことはしますけど基本はそのまま。まっすぐ。大切なのは〝自分の言葉でしゃべる〟こと。自分が言っても不自然じゃないように寄り添う、みたいな。出てくる人とどこまで仲良くなれるか?っていうか」。

ネタおろしを終えた「らくだ」が、これから彼女の言葉で語られるとどうなるか?末恐ろしい。初演から10日も経たないうちに2度目の「らくだ」を高座にかけた二葉さんはこうツイートした。「今日も『らくだ』をやった。伸びしろがえげつない。たのしい」。当初、ネタおろしを想定した50歳は14年後。その未来まで桂二葉を追いかけたい。

ちょっといっぷく

おいしいコーヒーと修さんとおしゃべり

ここは京都、河原町三条の［六曜社珈琲店 地下店］。マスターの奥野修さんとは修業時代からお付き合いがある二葉さん。今も時々、「修さんに会いに」やってくる。そんな二人の縁はちょっとない、いや、めったにない不思議な話。

ひっきりなしに入る注文にも終始乱れることなく、一杯一杯丁寧に
コーヒーを淹れる奥野さん。凛としたその姿に見惚れる。

↘今、まさにその通りになって。してやったりというか。当時は落語の途中で絶句したり、まくらも全然おもしろなかったりして、周りで見てた人らから『あいつ、あかんな』って思われてた時期があったんです。素人落語家に落語の仕方まで教えられたり、屈辱的なことがあって。横にいて、これは怒るやろうなぁと思いながらも彼女は我慢してた。だから、まさに『ジジイども見たか』(笑)」。入門から十数年を経て、磨き続けてきた芸を世に知らしめた二葉さんだが、「当時は、きっとその人らの方が上手いんやろうなって思ってた。私、どうしようもなく下手くそやったから」と振り返る。「落語という芸においては〝化けた〟のかもしれないけど、彼女自身は全然変わってへん。華があるかどうかは最初から決まっていると思うんです。ない人はいくらやったって、多分ダメ。芸能の世界って厳しいもので、努力したら誰でもなれるわけじゃない。僕がなんで彼女に声を掛けたかって言ったら、彼女に華があったから」。

最大の賛辞を得た二葉さんは照れながら、しばらく秘めていたという〝ある構想〟を打ち明けた。「縁起悪いんですけど、もし修さんが死なはったら、めっちゃ大きい花を贈ろうと思って。お葬式の時、場違いなくらい誰よりも大きい花を」。それを聞いた奥野さんはとてもうれしそうな笑顔で、「それ、いいね」と、ひと言。

つくづく、摩訶不思議な出会いだ。家族でも同僚でも友人でもない、街でたまたま声を掛けられ知り合った人が、いつしか心の底から「強い味方」と信頼できる大切な人になったのだから。2人の関係性を言い当てる言葉はなかなか見つからないが、いうなれば人間と人間が織りなす讃歌。その奇縁はまるで愉快な映画を観るようだ。

1950年に修さんのご両親が開いた［六曜社珈琲店］。それぞれメニューが異なる1階店と地下店があるが、二葉さんが向かうのはもっぱら地下店の方。

“強い味方という感じ。修さんは落語とは別の、もう一人の師匠”

「修さん、こないだ東京の駒込っていうところに泊まってね。地元の人とコミュニケーション取りにいこ思て、おもろそうやなって思う飲み屋に入って。ほんなら途中で落語マニアのおっちゃんが入ってきて、賞取った人!?みたいな感じになって。それやったら見たいってママも言うてくれて、「つる」やったんですよ。(ママとお客さんの)3人の前で。洋服で」

二葉さんがカウンター越しに話しかけると、マスターの奥野修さんは「すごいすごい!3人の前でやるのは難しいなぁ」と楽しそうに相槌を打つ。京都で修業時代を過ごした二葉さんにとって、[六曜社]は一息つけるとまり木。「それこそ修業中に、師匠から打ち上げ行くから先帰っといてって言われて。ほんまは師匠のお家まで荷物持ってまっすぐ帰らなあかんねんけど、師匠も飲みに行ってはるし、私もコーヒー飲んで帰ろうと思って。[六曜社]寄って帰ったら、すでに師匠がお家にいはって怒られたていう…(苦笑)」。

まだ20代半ばで、駆け出しの落語家だった二葉さんが奥野さんと出会ったのは京都市内のある商店街で。「ネタ繰るのにぐるぐる歩いてたら、商店街でお祭りやってて。なんとなく様子を見てた時に知らんおっさんに声掛けられて。その方は修さんのお友達やったんですけど、『知り合いがあなたのこと気になってる』って。その後、修さんとも直接お会いして」。つまり、きっかけはやや手間のかかったナンパである。当時、河原町三条の京都朝日会館にあったコンビニでアルバイトをしていた二葉さんは界隈で目を引く存在だった。「そら、目立ちますよ。アフロヘアーでドロップハンドルの青い自転車乗って。一目見て、おもろいなと思って。落語家とは知らなかったんですけど」。それ以降、奥野さんは[六曜社]から目と鼻の先にある彼女のアルバイト先に毎朝新聞を買いに行き、週に一度は自ら焙煎したコーヒー豆を届けるようになった。それまで落語を生で観たことはなかったが、出番があると聞いた落語会にはできるかぎり駆けつけ、落語に関する本や新聞記事を見つけては目を通し、彼女に会うたび話をした。

「飲みにもよく連れていっていただいて。師匠にこんなことで怒られたとか、最近あったことを話して、私はこう思うんですけど、どう思います?って聞いたりして。修さんは大人やから、何をしゃべっても受け止めてくれはる。今でこそよぉ東京に行かしてもらうけど、当時あんまり行ってない時に『これでお蕎麦食べといで』ってお小遣いくれはったこともありました」と二葉さん。

2人が初対面した時、奥野さんは自己紹介代わりに1枚のCDを手渡した。それは「オクノ修」名義でリリースした自身の作品。60年代後半から音楽活動を始めた奥野さんは、現在もライブや歌づくりを続けるシンガー・ソングライターとして一目置かれる存在でもある。同時に、家業だった喫茶店を引き継ぎ、自ら豆を焙煎するコーヒーを看板に据え、店を繁盛させてきた。そんな奥野さんの姿を仰ぐ同業者やアーティストはあまりに多い。二葉さんも「この人が言うことは間違いない」と奥野さんに全幅の信頼を置き、「もう一人の師匠」と慕うようになった。かつて大阪で定期的に開催していた勉強会は決まって水曜日だったが、理由は[六曜社]の定休日に合わせた結果。二葉さんの気持ちに応えて奥野さんは皆勤で出席し、落語家としてもがく彼女を見守り続けた。

修業時代の、もう一つの逸話。奥野さんはある音楽雑誌で、落語家桂二葉を紹介したことがあったという。「ミュージシャンが落語家を紹介するシリーズがあって、もうバッチリやと思って。修業中で落語は未熟だったんですけど、〝成長をずっと見られる楽しみがある〟ということを書いて。10年後20年後を見る楽しみがある、と。そうしたら ↗

天狗にお礼をいいに、京都鞍馬山へ

桂二葉の名を一躍有名にした古典落語「天狗さし」。令和3年度NHK新人落語大賞の決勝で披露し、審査員が満場一致で満点をつけた完全無欠の快作。以降、彼女の十八番の1つとなった。そんな出世作の大舞台、京都の鞍馬山へ初参詣。

「とれた。おったでぇ。
しかもこれ大天狗やで。
これで40人前の天すきこしらえたら、
こらもうぼろもうけや」

二葉さんの「天狗さし」は、コミカルで画力の高い漫画を見るみたい。ずっしり太い青竹を肩に掛け、大きな杉の木を見上げ、重厚な門扉を「ギギ、ギギギギギギギギー」と開く。

「天狗さし」あらすじ

金儲けをしたいと一所懸命に頭をひねるアホの喜六が、思いついた商売は〝天狗のすき焼き屋〟。物知りな甚兵衛さんに天狗の本場をたずねると、どうやら京都の鞍馬山らしい。善は急げと鞍馬へ入山。奥の院のそばで待機していると、現れたのは行を終えた坊さん。しかし喜六は天狗と信じ、ちゃっかり捕獲。喜び勇んで京の町へ下るのだが…。

奥の院参道で、まさかの!?
深まる秋の、天狗の聖地へ。

紅葉の名所としても知られる京の奥座敷、鞍馬山。平安の世を生きた源義経が牛若丸と呼ばれた幼年期、鞍馬の僧正ガ谷で天狗に剣術を授けられたという伝説から〝天狗の聖地〟とも呼ばれ、落語「天狗さし」の愛すべきアホこと喜六が、天狗の仕入れ先として訪れる名舞台でもある。噺のクライマックスは、奥の院付近までやってきた喜六が「天狗は高いところで羽を休めるっちゅうのを聞いたことあるさかい」と、大きな杉の木の下で獲物を待ち構え、たまたま通りかかった坊さんを間違えて捕らえてしまう場面。となると、やはり目指すべきは奥の院。紅葉が見頃終盤となった11月の晦日、天狗に御礼をすべく鞍馬山を初めて訪れた。

平日だが観光客が決して少なくない叡山電車の鞍馬駅から、門前まで連なる茶屋やお土産物屋をのぞく。大天狗の大面に、烏天狗のマグネット、なかには豚まんならぬ天狗まんまである。愉快な天狗たちの歓迎を受け、たどり着いた山門には湛慶作と伝わる仁王尊像がにらみを利かす。ここから先は鞍馬寺の浄域。午後から雨の予報が出ていたこの日。悠長な旅は禁物と、山門を抜けるとケーブルカー「牛若号」に乗り、山上の多宝塔へ。〝京に最も近く、最も深い自然〟といわれる鞍馬山は、深山幽谷の世界。ケーブルカーの乗車時間はわずか2分。だが、車窓の外に広がる深い森は山上へ近づくにつれ霊気を増す。山上駅へ到着する頃、二葉さんは「(天狗)いそうですね」と冗談を言う。

落語「天狗さし」の醍醐味は、天狗が実在すると信じて疑わない喜六の奮闘劇。「シュールな噺ですよね。天狗のすき焼き屋をしようって。私も高校生ぐらいまでは天狗がほんまにおると思ってたかもしらへん(笑)。だから(喜六が)クラスメートやったら、一緒について行ってると思う」。桂雀太さんから教わった「天狗さし」の愛らしいアホな喜六を、自分事として演じる二葉さんの説得力は比類ない。

ケーブルカーを降り、新参道を経て本殿金堂へ。静謐な御堂に入り、手を合わせて御礼を伝える。外へ出れば、そぼ降る小雨。急ぎ足で奥の院参道を進むと、大杉がそびえる山道の先に石段が現れた。噺の山場で、天狗、もとい宿坊へ帰る坊さんが捕らえられた現場はここか!?天狗を仕留めるため太い青竹を担ぐ、喜六の〝あの仕草〟でカメラを見つめた二葉さん。ついに天狗は…と思われた矢先、作務衣姿のお坊さんが前方に。ニヤッと笑い、聞こえないくらいの小声で「おった!」。

鞍馬寺(くらまでら)

宝亀元年(770)、鑑真和上の高弟・鑑禎(がんちょう)上人が毘沙門天を本尊として祀ったことが起源とされる。平安時代には都の北方守護の寺として信仰を集め、『源氏物語』若紫巻では光源氏が最愛の女性、紫の上と出会った場所として、今なお風情ある山内の様子が克明に描かれている。牛若丸の修行の地としても名高い。

https://www.kuramadera.or.jp

本殿金堂の手前両脇に鎮座するのは狛犬ではなく「阿吽の虎」。御本尊である毘沙門天の神獣は虎。鑑禎上人の夢告に毘沙門天が出現したのが、寅の月、寅の日、寅の刻とされることに由来し、五黄の寅年生まれの二葉さんは奇縁を感じる御礼参りに。本殿でおみくじを引き、「頼む」と念じて札を見れば、「運気強し」。左下は叡山電車鞍馬駅の駅前にある大天狗像。その他はすべて鞍馬寺境内。

京都→大阪

"おひさしぶり"の二人を訪ねて

修業時代、二葉さんの"隣人"だった平井恭子さんと、たまに食卓を囲んでは、たわいない会話を交わす友人だった細井久美子さん。平井さんは伝統工芸の一翼を担う木版画摺師であり、細井さんはいなりのお店を営む店主で料理人。時を経て、それぞれの世界で切磋琢磨する2人を訪ねて、二葉さんが京都から大阪へ。

摺師として活躍する平井恭子さんに会いに京都へ

かつては挨拶だけの仲だった隣人同士。
けれど実は、同じ〝伝統〟を背負って立つ近しい存在だった「隣のお姉さん」の仕事場へ。

“噺家の世界よりはるかに大変。こんな人がお隣にいはったとは…”

2022年2月、二葉さんがパーソナリティーを務めるラジオ番組に「元211号室」というラジオネームの女性からメッセージが届いた。投稿者は二葉さんが修業中に暮らした京都市左京区にあるアパートの隣人だった平井恭子さん。当時は顔を合わせば挨拶こそしたが、連絡先など知らない間柄。二葉さんは修業が明けてしばらくすると大阪へ引っ越したが、平井さんはSNSを通して元隣人の活躍を見続け、毎週放送されるラジオも仕事の傍ら耳を傾け楽しむリスナーの一人になった。ラジオに届いたメッセージからわかったことは、当時、平井さんは大家さんから「隣の方、落語家やねんで」と聞いていたこと、そして時折、壁の向こうから届くネタを繰る二葉さんの声に励まされていたこと。というのも、平井さん自身も落語界に向こうを張る伝統的な男社会で奮闘する職人だったから。聞けば、江戸時代の技術を伝え継ぐ木版画の摺師。にわかに巡り合った「隣のお姉さん」は、思いがけないスゴイ人なのかもしれない。未知なる仕事場も拝見したいと、二葉さんが訪れたのは古刹ひしめく京都市東山区にある［佐藤木版画工房］。平井さんは1998年に摺師の佐藤景三さんに弟子入り。〝女に浮世絵は摺られへん〟といわれた世界で、「やりたかったら仕込んであげるよ」と寛容だった師匠につき、関西では先駆けとなる女性摺師になった。工房は、一見、住居と見紛う古い町家。昔ながらの急な階段を上った先の仕事部屋には、古文書さながら時代の厚みを感じる版木が所狭しと積み上げられている。

「ここでラジオを聴いてくれてはるんですか?」。職人たちの歴史が積層された空間に早くも感激した様子の二葉さんがたずねると、「そうなんです。このiPadで（笑）」と平井さん。「うちは摺師だけの工房なんです。この仕事は東京と京都にしかなくて、京都で稼働している摺師は10人足らず。浮世絵の本場である東京に対して、京都には京版画と呼ばれるジャンルがあります。例えば着物やお菓子の見本帳だったり、扇子の上絵だったり。そういうものを木版画で作ってきた歴史があるんです」。［佐藤木版画工房］では京都の地場産業や出版文化とともに発展してきた京版画を中心に、東京から依頼を受けた浮世絵、近年では明治後期〜昭和に生まれた新版画と呼ばれる作品も手掛けている。日々の仕事を再現するように、摺り台の和紙にバレンを滑らせながら平井さんが続ける。「今、木版画の世界の職人が京都では非常に少なくなっていて。彫師として稼働するのは一人。私たちの仕事が100年持つかを師匠と話した時に、『わしは持たへんと思う』と。最近は摺師が使う刷毛を作る職人もい

なくなっているから、『道具からなくなっていくんじゃないか』って」。伝え継ぐ厳しさを聞いた二葉さんは、「噺家の世界も大変やと思てたけど、平井さんの方がはるかに大変」と息をのむ。

〝一人前になるのは最低でも10年〟といわれる摺師の世界。平井さんが入門して約10年がたち、ようやく仕事が手につき始めた頃、二葉さんが同じアパートにやって来た。「引っ越しのご挨拶に来てくれた二葉さんがとても礼儀正しくて。たしか、洗濯粉を持って来てくれたんかな。ちゃんと熨斗つけて」。自身ではもはや記憶にないエピソードを聞いた二葉さんは、「ちゃんとしといて良かった」と胸を撫で下ろしつつ、「同じ階に不思議なおっちゃんいませんでした?」と確認。「おったおった、ドンツキに!」と平井さんはあまりの懐かしさに笑いながら、思い出話を一つ。「大家さんから『ここにはいろんな事情を抱えた人がいはる』という話を聞いたことがあって。『仕事をしている人は2人くらいしかいないのよ』って」。一つ屋根の下に病気を抱え生きる人もいれば、日々の暮らしがままならない人もいて、それでも共に暮らすことができたそのアパートは、まるで古典落語が描く長屋の世界のよう。「いい大家さんでしたよね。普通のマンションでは受け入れがたい人でも決して断らない。私の展覧会もよく観に来てくださっていました。二葉さんの活躍もすごく喜んではると思う」と平井さん。

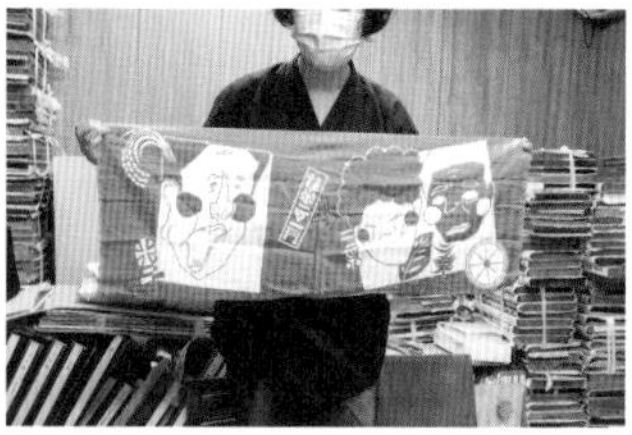

随分前に二葉さんより贈られたてぬぐい。
使わずに大切にとっておいてくれた。

かつての隣人との思わぬ再会に、「こんな人がお隣にいはったとは…」と驚く二葉さん。共に上方の伝統を背負って立つ同士。「できるなら、私はおばあちゃんになるまで二葉さんの落語を聴きながら仕事したい」と伝える平井さんに、「泣く……!」と感極まった二葉さん。すかさずズボンのポケットに手を突っ込んだが、次の瞬間、落語のサゲでも言うように「あ、ハンカチ忘れた」。

（上段）版木には「見当」と呼ばれるくぼみがつけられ、その印に紙を正確に合わせ置くことで高精度の多色木版ができる。摺師の命であるバレンは先代の親方によるお手製。見本として摺ってくださった葛飾北斎『富嶽三十六景』より「上総ノ海路」。（下段）彫師が手掛けた版木の図柄の繊細さに見惚れる二葉さん。分解したバレンは見えない部分まで美しい。近年、兄弟子と平井さんが挑戦した『綾錦』の再現摺り。京版画の一つで古い染織布を木版で再現する。

いなりのお店を営む細井久美子さんに会いに大阪・箕面へ

落語家に入門する前から親交のある友人が、「いつか」と実現を願っていたおいなり屋さん。

見事、形になったお店へ二葉さんが初訪問。

木洩れ陽が差す真っ白な建物が印象的な［季節といなり 豆椿］(IG @mametsubaki_inari)。訪れたのは長月の末。客席には秋の到来を告げる栗の実が。二葉さんが味わった昼餉は八菜皿に始まり、主菜椀、いなり、汁椀、中国茶、菓の6品からなるコース。旬の滋味を大切にした料理は調理も味つけも極めてシンプル。メインはもちろんいなりで、繊細な味わいをよりしっかりと感じられるようすべての料理で肉や魚は使わない。八菜皿の落花生があまりに大ぶりで、二葉さんは思わず目を見開いた。

“体が清められそうな感じがする。くぅさん、ヤッたな！”

大阪府北部に位置し、北摂山系が織りなす自然と隣り合わせの街である箕面市。阪急電鉄箕面駅から歩くこと約10分。両手に桜並木が続く閑静な住宅街にある［季節といなり 豆椿］は、大阪では「おいなりさん」とも呼ばれるいなり寿司のお店。お米に黒米をブレンドした定番「古代米」のいなりに加え、春は新玉ねぎやイチゴ、秋は栗に銀杏、りんごなど、季節の素材を生かしたいなりも揃える。店主の細井久美子さんは、二葉さんが「くぅさん」と呼ぶ十数年来の友人。イベントへの出店などで経験を重ねた後、2016年に実店舗を開いた。初訪問の二葉さんは暖簾をくぐり、「やっと来れた！」と持ち前の通る声を放つと、「だぁ、いらっしゃい」と細井さん。「だぁ」というのは、二葉さんのご家族や古くからの友人が用いる彼女のあだ名。真っ白な店内に目をやった二葉さんは、「昔のくぅさんの家もこんな感じやった。全部白くて、ものが少なくて」と記憶を蘇らせた。

2人の出会いは京都で。それはまだ、二葉さんが落語家になる前のこと。大学卒業後に就職したスーパーマーケットで働きながら京都市内のシェアハウスで暮らしていた時で、同居人を訪ねて家に遊びに来ていたのが細井さんだった。「会った日に『私、落語家になりたい』って言ってた」と切り出した細井さんに、「恥っず…」と二葉さんは苦笑い。桂米二師匠の元に弟子入りした後、二葉さんは京都市内で住まいを移したが、そこは偶然にも細井さんが暮らすマンションのご近所。

「だから街でばったり会ったりして。お互いの家を行き来するようになったんです。だぁは修業中で堂々と遊べない時期やったから、タイミングが合う時にどっちかの家でご飯食べたりして」。落語家として邁進していた二葉さん同様、細井さんも調理の仕事を続けながら、自身の活動としていなりの出張販売を始めた頃だった。「日本の食文化が好きで、いろいろ調べていたら米と大豆が基本にあると気づいたんです。米と大豆を使ったもので季節感が出せるものを考えたら、いなりやと」。「当時から『店やりたい』って言うてはりましたもんね」。テーブルについた二葉さんが話すと、「出会った時はお互い何もなかったけど」と細井さんが感慨深い表情に。「お店を開くことになったのが、だぁの修業期間が終わった直後くらい。それからお互いに忙しくなったから会えなくて。先々週、大阪でやってた落語会に行って6〜7年ぶりにだぁの落語を生で観て。年季明けの繁昌亭以来やと思う。当時は噺の途中で素に戻ったりして、観ててハラハラしたけど（笑）。今回は余裕というか、完全に噺家になってて感動しました。会わなかった分だけ積み重ねてきた努力が見えたから、私もがんばろう！って励まされたし、それだけの年月を過ごしてきてんなぁって自分自身を振り返る機会にもなって。最後にサインももらって、めっちゃうれしかった」。

　翻って、この日は細井さんが腕を振るう番。「結」と名付けた空間で旧友をもてなす。コロナ禍を経て、店内飲食は完全予約制になった。昼餉も、続く喫茶も、「1組だけの貸切に変えたんです」と言う細井さんに、「1組!?イカツぅ！」と二葉さんは驚愕。「パンクやわ。攻めてるなぁ」と喝采を送るも、友人は予期せぬ賛辞に笑いながら、「ここでゆったり過ごすことで、何かを受け取ってもらえる時間になれば」と思いを込める。お店を切り盛りするのは細井さん一人。コース仕立ての昼餉は、一品ずつ調理、盛り付けをして、テーブルへ運ぶ。最初にサーブされたのは、日本料理の八寸からヒントを得た八菜皿。瓜のぬか漬けやオリーブオイルで焼いた鶴首かぼちゃ、真菰筍の薄衣揚げなど、近郊で採れた新鮮な野菜を盛り込んだ一皿は初秋の趣。主菜椀は、ステーキのように肉厚にカットした米茄子をジューシーに焼き上げたもの。いなりは定番の古代米と、旬のすだちと里芋をあしらった一口いなりが2つ。一緒に供された汁椀は、「カボチャの種やタマネギの皮など、お野菜から取ったスープで仕上げています」と細井さん。最後は「食後の余韻を楽しんでもらえるように」と数煎目まで楽しむことができる中国茶を店主自ら客席で淹れる。約1時間かけて昼餉を堪能した二葉さんは、「久しぶりにちゃんとしたもん食べた。体が清められた感じがする。すごくおいしかったです」と至福の表情に。

　昼餉は料理を彩る器もオリジナル。過去に店内で展示を行ったこともある木工家の北山栄太や陶芸家の河合和美など気鋭の作家たちが、[豆椿]で使うことをイメージして制作した特別なもの。「一人でやっているので、いろんな人と関わることで励まされる。わざわざ作ってもらったから、それらを生かせるようにがんばろうって」。お店を続ける原動力をそう話す細井さんに、「店をやるって相当根性いりますわねぇ。くぅさん、ヤッたな！って感じ」と二葉さん。「だぁの表現は独特（笑）」と細井さんは照れ気味のツッコミを入れながらも、お世辞は言わない旧友の素直な反応に「うれしい」と安堵した。

二葉さんから贈られたてぬぐいを、平井さん同様「使わずにしまっていました」。

KEY PERSON

二葉さんも日頃お世話になっているお三方にインタビュー

関西で落語を盛り上げる方々 1/3 三栄企画 代表 長澤利文さん

志ん朝師匠も慕った名物社長は、芸人に愛される〝生きる伝説〟

〝近所のおっちゃんでね、大好きなんですけど、ちょいちょいモノをまちごぉて言わはるおっちゃんがいましてね。私の落語を観て、感想をメールでくれることがありまして。こないだもメールでね、「落語よかったで！今日はえらい、アドデダディン出てたなぁ」いうて。アドデダディン、て。どうやって打ったん!?〟

二葉さんが時折まくらで振るこのエピソード。作り話のようで、れっきとした実話。そのおっちゃんこそが三栄企画の社長、長澤利文さんだ。三栄企画は1977年設立。元松竹芸能の営業マンだった鳥江三也さんが、六代目笑福亭松鶴のマネージャーを務めていたかつての同僚を迎えて起業。松鶴のマネジメントに加え、全国の学校を巡回する「上方落語鑑賞会」も展開。落語だけでなく、講談や浪曲など古典芸能全般、さらに演劇や音楽まで芸術公演を幅広くプロデュースするようになり、現在も学校公演と一般公演を両輪とした活動を続ける。関西有数の歴史ある落語会「東西落語名人選」も三栄企画の名物公演。江戸と上方の大看板が共演するホール落語会で、客席には落語ファンから休日のお出かけ風な老若男女まで。長澤さんはその公演を先代から引き継ぎ、現在も毎年神戸で開催している。三栄企画が手掛ける落語会は日常との垣根がない。構えることなく落語に出会える、そんな公演が持ち味と言えるかもしれない。

現社長の長澤さんは、二葉さんいわく「重要人物。いろんな意味で（笑）」。界隈では、逸話を書き出せば書物が1冊できるとも。その軌跡は上方落語の歴史そのものと重なる。そもそも三栄企画へ入社したきっかけが、現在の上方落語界の最古参、四代目桂福團治が取り持った縁。同じ大学に通う学科仲間が福團治に入門したことから（友人は現在の桂福楽）、当時、福團治師匠が運営していた寄席小屋へ通うようになり、受付や鳴り物まで助太刀していたという長澤さん。「3年間うろちょろして、福團治グループにいてる、みたいな感じになって」。卒業目前まで就職先が決まらず、「どうしましょうかね？」と師匠に相談。すると、心当たりのある人に片っ端から連絡し、紹介してくれたのが三栄企画だった。

入社は1982年。当時、上方落語協会の会長を務めていたのが松鶴師匠。「協会もまだ大きくなくて、（松鶴の事務所である）うちがお手伝いしているような感じやったんです。協会創立30周年のパーティーとか、大きなイベントは僕らがやっていました。そんなんで噺家さんとも親しくなって。当時、林家染八（現・林家小染）さんは僕のことを兄さんと呼んでいましたね。僕、芸人ちゃうからおかしいんですけど。大学時代からずっと一緒におった噺家さんには、身内みたいに思ってもらった感じやから。しようがないですね（笑）」。

近年は神田伯山独演会の制作協力を担当するなど、江戸からの信頼も厚い。なかでも長澤さんを懇意にした江戸の落語家が三代目古今亭志ん朝。来阪すれば必ず連絡を入れる、それほど親しい仲だった。長澤さんは自らの武勇伝をひけらかすことなどない紳士だが、これまでに遭遇した歴史的名場面は？と聞くと、極め付きの一話を教えてくれた。いわく、「春團治師匠と仁鶴師匠のケンカを僕と志ん朝師匠が止めた」。時は1991年。ある襲名披露興行の終演後、打ち上げの席でその事件は起こった。丑三つ時を超え、酩酊状態で場末のラウンジのソファに流れ着いた先の4人。ほどなくして、当時、上方落語協会の副会長だった笑福亭仁鶴が、会長だった三代目桂春團治に悪態をつき始めた。「春團治師匠はおとなしくしてはったんですけど、仁鶴師匠があまりにしつこくて。堪忍袋の緒が切れて『ナニを！』と立ち上がって。やばい！と思って、僕は三代目を、志ん朝師匠は仁鶴師匠を羽交い締めにして。なんとか2人を見送った帰り道、志ん朝師匠が『すごかったなぁ。これ知ってるのは僕と長澤君だけだよ』って（笑）」。

三栄企画（さんえいきかく）
https://www.saneikikaku.co.jp

関西で落語を盛り上げる方々 2/3 吉田食堂 吉田達さん

紆余曲折あって、関西で江戸落語の楽しさを伝える企画屋に

桂二葉と春風亭一花（P76）による二人会、「二葉と一花」を実現させた立役者。他にも、大阪では前例のない柳家さん喬のひとり会を企画したり、来阪の機会が少ない東京の若手真打を招いたり。〝関西で一番、江戸落語が聴ける寄席〟と銘打ち、東京の寄席を中心に活躍する実力派を堪能できる公演を次々に打ち出している吉田食堂。2010年の立ち上げ以降、公演数は年々増加し、出演者も見る見る多彩に。近年は月約5公演を継続する快進撃にして、企画から設営に至る全仕事を担うのは〝食堂長〟の吉田達さん一人というから気勢が違う。というのも吉田さん、かつて落語家を志したほど落語への愛が深い。だが、現在に至るまでの道のりは紆余曲折がありすぎた。

落語との出会いは大学時代。好きだった〝漫才〟に打ち込むべく、落語研究会に入部した。落研なら漫才もできるが、それ以前に落語が必須。しぶしぶ稽古を始め、参考に桂枝雀の高座を映像で観たところ衝撃を受けた。「ハンマーで殴られた感覚というか。そのままコピーしてやってみたんです。仕草も大きくして。そしたら反応がめちゃくちゃあって、ちょっと快感で」。卒業後は会社員として勤めたが、やがて「落語家っていいな」という出来心が芽生え、半年で退社。心に決めた師匠に弟子入り志願したのだが…。「見習いに行かせていただいたんですけど、想像を絶する厳しさで。すぐにドロップアウトしてしまって」。

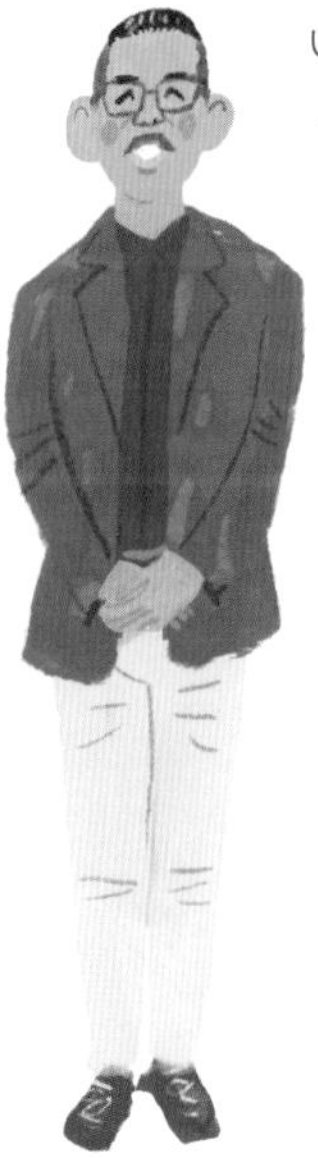

一旦身を引いた世界は近づきがたいもの。吉田さんは落語と距離を置き、心機一転。漫才作家を目指して専門学校へ通い始めたが、なかなかどうして。落語がつきまとう。「ある時、落語家さんの授業があって、『落語も観た方が漫才の勉強になる』と言われて」。まっすぐな吉田さんは「漫才の役に立つなら」と、落語会通いを再開。すると「めちゃくちゃおもしろくて。漫才のことより落語のことで頭がいっぱいに」。とらえられた運命か。以降は新作落語の台本を執筆したり（東京のコンクールで2度受賞）、上方落語の中堅に光を当てたフリーペーパーを制作したり。再び落語にのめり込んだ時、転機が訪れた。「作ったフリーペーパーをあちこちで配ってたら、東京の三遊亭遊雀師匠が、これだけじゃもったいないから落語会もやってみたらどう？って」。思わぬ一声だったが、「やるなら大阪で江戸の噺家さんの会だ」とひらめいた。

生まれた頃から関西に暮らす吉田さんだが、落語台本のコンクール受賞以来、特にお世話になったのが江戸の師匠方。「なかでも自分が江戸落語を知るきっかけになったのは柳家さん喬師匠で。（落語会の計画を）ご相談させていただいたら、『やったらいいじゃん。やりたかったらやりゃいいんだよ』と背中を押していただいて」。2010年の「柳家さん喬ひとり会」を皮切りに、落語会プロデュース吉田食堂の活動が始まった。ちなみに食堂と冠した屋号は、落語台本の作家時代、新作のお披露目会のタイトルとして上方の桂文三（当時、つく枝）が命名したもの。いわく、「君の新作がメニューに並んで、お客さまが選ぶ場所だから」。業態は変わったが、「その名前に愛着があって」現在に至る。

吉田食堂の落語会は、初心者から玄人まで楽しめる演者のチョイスが真骨頂。威勢の良い若手から当代きっての名人まで、もれなく〝今、観ておくべき〟噺家ぞろい。そのセレクトは、吉田さんが毎月東京の寄席へ赴いて得た感覚の妙。「トリを務めていらっしゃる師匠以外の、中入り前など浅い出番の演者さんであっても、レギュラーで各演芸場に出番がある噺家さんは人気があるだけじゃなくて、ちゃんと落語ができる方々ということで。寄席の番組を見ると、リアルに実力のある人たちがわかるというか。だからこそ、うちは寄席に軸足を置いている師匠方に出ていただくことが多い。それでいてマニアックな感じじゃなく、初めて観た人にもインパクトを残すような方々にお願いするようにしています」。

吉田食堂（よしだしょくどう）
http://yoshidashokudou.com

関西で落語を盛り上げる方々 3/3 さかいひろこworks さかいひろこさん

ハイブリッドな企画で落語への入り口を拡張する、三姉妹ユニット

大阪で落語会を企画・制作するユニットとして始まった、さかいひろこworks。屋号の通り、主宰はさかいひろこさんだが、ユニークなのは長女ひろこさんと次女のりこさんが制作企画を担い、三女まさこさんがチラシやパンフレットなどのデザイン全般を担当する〝三姉妹ユニット〟であること。家族だからこその息が合ったタッグで2004年から活動を続けている。

さかいひろこworksの企画は、ありきたりが一切ない。初めて企画した落語会は、仕事帰りの人が来られるよう20時開演に決めたが、条件に合う会場が見当たらず、「家を寄席にしてしまおう」と両親と共に暮らす実家で敢行。また2010年には、古い旅館を改装したアーティスト・イン・レジデンスでフェスさながらの落語会を開催。そこは作品制作のため一時的に滞在するアーティストもいれば、住人として暮らす者もいる住居兼宿泊施設で、各部屋の広さはわずか六〜八畳ほど。その数室に高座をしつらえ、複数の落語家が時間差で落語を披露した。観客は各部屋10〜30人前後。開演中はカメラで中継し、共用部のカフェでも観覧できるというかなり実験的な企画。落語=古典芸能が持つ堅苦しさをぶっ壊してくれるようなアバンギャルドさにしびれる。

「ただ落語やるだけの会やったら落語家さんがやりはるし。あと、落語に全然興味のない方に観ていただきたいなっていうのが、当時は特に強かったので。まぁ何もわかってなかったっていうのもあって。今なら、(その環境は)落語にマイナスになってしまうな…とか考えると思うんですけど、その頃はただ単純に、ちょっと違うものと一緒に見てもろたらええんちゃうかな、ぐらいの気持ちでやってました」と、ひろこさん。

若気の至りを省みながらも、門外漢の心くすぐる企画は今なお健在。例えば、「旅の噺ばっかりを聴いてもらう旅行気分の落語会がやりたいなと思って」、2008年に日本旅館で会を開いたことがきっかけで、風情ある宿を会場にした落語会を継続(現在、〝定宿〟閉業に伴い新天地を模索中。近日再開予定)。もう一つの恒例企画「コテン劇場」は、映画好きの噺家、桂米紫が古典落語を演じた後、その一席にある意味通じるクラシカルシネマを1本紹介し、実際に上映する。落語への入り口は、たしかに落語以外であってもいいし、むしろその方が拡張性は高い。

現在、制作あるいは制作協力として関わる落語会は関西だけでなく関東でも増えている。というのも、2020年にひろこさんが夫の転勤で東京へ移住。上方の噺家たちが関東で公演する際にも声が掛かるようになったから。二葉さんとは前座時代からの付き合いで、勉強会の受付をお手伝いしたり、大阪での独演会は決まって制作を担当。ここ数年、東京で二葉さん自ら主催する独演会も制作はさかいひろこworks。「お姉ちゃん」ことひろこさんは幕間に流れるラジオショッピング風グッズ紹介の台本まで執筆する活躍で、楽しい落語会を心掛ける二葉さんにとってもその存在は欠かせない。

中島らも主宰の劇団、笑殺軍団リリパットアーミーに役者として出演していた桂吉朝などの噺家をきっかけに、落語の世界に目覚めたというひろこさん。「落語ってそんなにおもしろいもんやと思ってなかったのに、初めて聴いてめちゃくちゃおもしろいなと思いまして。いろんな人が見ればいいのになって思ったのが(活動の)始まりというか。東京で暮らしている今は、自分で一から企画する会は若干セーブしていて。なかなか手が回らないことがあって、制作協力という形が多い。そもそも夫に帯同して行ったので、東京で一旗揚げたい！というつもりはなく(笑)。でも、もっと広く、いろんな人に落語を観てもらうにはどうしたらいいかな？って考えるのは好きなので。もうちょっと落ち着いたら、東京でもそういう会がやりたいなとは思っています」。

さかいひろこworks (さかいひろこわーくす)
http://sakaihirokoworks.net

二葉さんに“しょーもない”質問 (3/4)

Q33. 朝ご飯は食べますか？ A. **食べます**

Q34. 朝ご飯はパン派、ごはん派どっち？ A. **パン**

Q35. 好きなおにぎりの具は？ A. **おかか**

Q36. 甘党、辛党どっち？
A. **どっちかいうたら甘党**

Q37. 今欲しいものは？
A. **RIMOWAのスーツケース**

Q38. 今までで一番高価な買い物は？ A. **着物**

Q39. 足のサイズは？
A. **靴は24.5cm　足袋は23.5cm**

Q40. 好きなブランドは？
A. **ENFÖLD**

Q41. おしゃれだなと思う人は？
A. **笑福亭鶴瓶師匠**

Q42. 着物を着るのにかかる時間は？
A. **15分**

Q43. 寝るときの格好は？ A. **パジャマ。ツモリチサトです！**

Q44. 寝る前のルーティンは？
A. **土井善晴先生のアプリを見る**

Q45. 目覚ましの音はどんな音？
A. **ピリリリリリィィィッッ！！！！**

Q46. 朝起きて一番最初にすることは？
A. **ラジオつける**

Q47. 苦手なものは？
A. **えらそうにするオッサン**

Q48. 一日だけ交代できるなら誰になりたい？ A. **緞帳を作る職人さん**

Q49. タイムマシーンにのれるならいつの時代に行く？
A. **米朝師匠の生きてはる時へ。お稽古つけてもらいたい。**

nswer the question answer the question answer the question answer theq

京都大学・落語研究会の部室訪問

2022年11月、[京都国立博物館 平成知新館]で開かれた「学生のための桂二葉落語会」。観客は学生限定、木戸銭は無料。勇猛果敢な企画に挑んだのは〝京大落研〟。俊英の果て、笑いに青春を捧げた(!?)彼らの部室へ潜入！

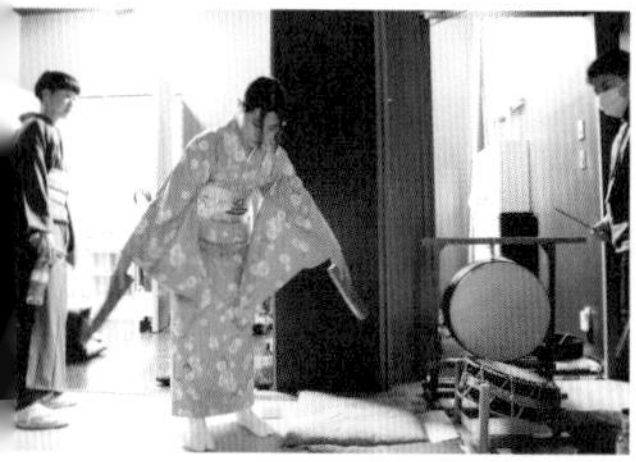

落語会の一幕。三味線、笛、太鼓など、鳴り物も部員自ら担当！二葉さんはおなじみの出囃子「いっさいいっさいろん」で登場すると、一席目の「天狗さし」からパワー全開。中入り後は部員の葵家天丼さん、楠木亭当的さん（共に当時4回生）と一緒に、参加者からの質問に答えるトークコーナーも。二席目「子はかすがい」は笑いあり涙あり。京大名物〝タテカン〟でも告知された今回の会は、京都内外、遠くは東京から訪れた学生もいたそう。

前座で楠木亭当的さんが演じた「おごろもち盗人」に、「めちゃくちゃ上手やった。落語の筋でちゃんと笑かしたはった感じがする」と二葉さんもあっぱれ。長丁場の正座で足が…！と下座で悶える当的さんに、二葉さんが扇子で足裏をツンツンッ。舞台袖の楽しい笑い声が客席に届く、にぎやかな場面も。ちなみにこの日の高座に据えられた見台は、京大落研の宝物。1977年に開かれた学祭主催の落語会で、人間国宝・桂米朝師匠も使った記録が残る。

米朝一門のDNAは、ここにも落語愛が充満した青春の部室で

落語だけでなく漫才もできる最強部員たちと。

「1年ちょっと前、繁昌亭で二葉さんが「天狗さし」をやってはって衝撃を受けて。すごいものを見た！という感じで。僕ら落研なんで落語が大好きなんですけど、寄席へ通ってても周りに学生がいない。その状況をもどかしく思って。でも、落語自体がおもしろくないわけじゃなく、学生が落語に触れる機会がないだけじゃないかな？と。それなら僕らが機会をつくって盛り上げようと。二葉さんは古典落語の核な部分を持っておられるし、キャッチーな部分もある。初心者の学生さんにも落語を好きになってもらえるはずだと思ったんです」

終演後、訪問した部室で今回の落語会開催の経緯を話してくれた部員の葵家天丼さん。京都大学落語研究会（以下、京大落研）は1968年発足。聞けば、上方落語との縁はなかなか深い。その証拠に…と、ロッカーから引っ張り出してくれたのが"部誌"。創部以来、つまり50年以上にわたって綴られている活動日誌で、上方落語界のレジェンドと交流した歴史も克明に記録されている。創部直後には熱心な部員が桂米朝師匠に落語指導を請うたところ、「ほなら、小米と朝丸、行ってこいや」とのお言葉を得て、当時20代だった桂枝雀と桂ざこばが来部。76年の学祭主催の落語会では、枝雀、雀枝（雀三郎）、雀松（文之助）の枝雀一門に交じって部員が前座を務めた経験も。

部長の二代目葵家竹生さん（当時2回生）いわく、「京大落研は米朝さんや枝雀さんにあこがれ、古典を古典としてしっかりと取り組む部員が多い」。「歴代の先輩方が米朝さん好きで、古典落語への愛みたいなものが伝統としてあるのかなと思います」とは天丼さん。そうした流れのなかで、米朝師匠の孫弟子である二葉さんの公演を企画した。それも「学生のための桂二葉落語会」は、76年の学祭で行われた枝雀落語会への「オマージュ」。部員が前座を務める構成だけでなく、当時制作された"部員から見た「二葉論」"に倣い、今回は天丼さん自ら才筆を振るった「二葉論」も配布。熱量が尋常ではない。客席を埋めた学生たちの反応も、通常の独演会とは一線を画すフレッシュさ。この新体験に、二葉さんは？「びっくりしてるんです。若い人が（私の落語を）いいって言ってくれるなんて。結構、拒否してたとこもあったし。おまえら、ガキどもにはわかるかい！て。ほんまのこと言うて。でも、そうじゃないんやなって。自信になったというか。なんせ、うれしいわ。ほんまにありがとう」と感謝を伝えた。

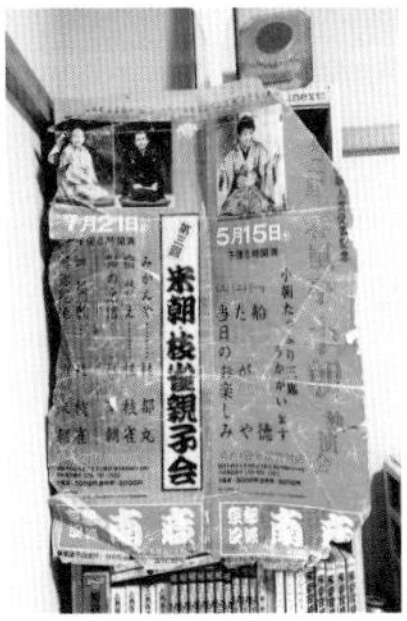

二葉さんのサインの隣には枝雀師匠のサイン！1979年7月京都南座での「米朝・枝雀親子会」のポスターや先輩たちが録りためた落語のカセットテープも大切に受け継がれている。

二葉落語を音楽にしてみたら

二葉さんの落語は、透明感ある声質と抑揚の効いた大阪弁が魅力。それはまるで音楽のようでもあり。

ならばと音を楽譜に起こす採譜者に二葉さんの演じる「天狗さし」冒頭４分を楽譜におこしてもらいました。

— 01 —

— 02 —

— 03 —

— 04 —

▼ 採譜のプロがみた二葉落語って？

今回、二葉さんの落語を楽譜化したのは採譜専門店・弦譜堂の松本さんと佐藤さん。20年以上のキャリアを持つ松本さんに、二葉さんの声についてお話をうかがった。「二葉さんの声は高いというより〝明るい〟声ですね。低い声はくぐもって聞こえがちですが二葉さんの場合は低くても（言葉が）くっきり聞こえる明瞭な発声なので聞いていて心地が良いんです。遠達性のある声で舞台にも向いていると思います。（細かく音を聞くと）声の高さや強弱を巧みに使い分けていて、本当に作り込んでいると思いますよ。でも無意識にやっているように自然に聞こえるところまでもっていっているんです。それは鍛錬のなせる技なんでしょうね」。

— 05 —

— 06 —

— 07 —

— 08 —

二葉さんに"しょーもない"質問 (4/4)

Q50. 朝絶叫マシーンに乗れる？ A. **はいっ！**

Q51. もし習い事をはじめるなら何をしたい？
A. **もう1回書道**

Q52. 10万円あったら何に使う？
A. **パーっと友だちとおいしいもん食べたい**

Q53. 1億円あったら何に使う？ A. **寄席小屋つくりたい**

Q54. よく見る夢のワンシーンは？
A. **出番が近づいているのに帯がしめられへん。持ってないネタが出てて、がんばってやろうとしている。**

Q55. 急に一日休みができたら？
A. **おうちでゆっくりごはん**

Q56. 急に一週間休みができたら？
A. **新しいネタ覚える**

Q57. もし髪形を変えるならどんなヘアスタイル？
A. **坊主**

Q58. もし髪色を変えるなら何色？
A. **青**

Q59. 宇宙と深海、冒険するならどっち？
A. **宇宙**

Q60. 宇宙人はいると思う？
A. **うーん、どやろ**

Q61. 透明人間になれるとしたら？
A. **弟のそばにいって、イタズラいっぱいする**

Q62. 占いは信じる？ A. **信じひん**

Q63. げんは担ぐ？ A. **かつがへん**

Q64. 銭湯派？ スーパー銭湯派？
A. **銭湯派**

Q65. 新年にすることは？
A. **パンツとブラジャーは新ピンに！**

戸川純さんに会って人生相談してきた。

intro

修業時代の二葉さんがライブを観て衝撃を受けたアーティスト、戸川純さん。「本当に何も知らずに観に行かしてもらったんですけど、死ぬほどカッコイイなと思って」。東京新宿生まれの、知性と狂気を秘めたシンガーソングアクトレス。１９８０年代から女優、タレントとして活躍する一方、ニューウエーブ&パンクのシンガーとしてゲルニカ、ヤプーズなどのバンドやソロでコアな音楽ファンからも敬愛される表現者に。近年は戸川純 avec おおくぼけいなどユニットでの活動も加わり、楽曲制作やライブを継続。二葉さんいわく「自分全開。歌が〝たましい〟っぽい」戸川さんのライブは初参戦以降、毎年の楽しみになった。「もう好きすぎて…」大阪で開催する小さな落語会のタイトルは、ソロの名作『東京の野蛮』を拝借して「大阪の野蛮」と名付けたほど。

約10年間、あこがれ続けたその人と初対面の機会を得て、向かった先は東京某所のカラオケルームの一室。緊張気味の二葉さんが黒いボックスソファに着席早々、「あの、私、戸川純さんのこと好きやって周りに言ってたら…」とリュックから取り出したのはプラスチック・バッグに入れたラメのポーチ。「友達が『これ、多分純ちゃんの。大阪でライブした時に忘れていかはったやつ』って私にくれて」。お目にかかる機会があればと長年大事にしまっていた宝物を差し出し、「ご本人のでは…?」と二葉さんはたずねた。透明の袋をじっと見つめていた戸川さんは、やがて真摯な口調で「……違いますね」。「ウソォー!?!!?!?えっ……すごいショック。じゃあ私、誰のポーチを大切に…」と二葉さんは困惑しながら大笑い。「『あぁ〜、私の!』みたいなことにしたかったんですけど、ちょっとそこは女優やりたくない」と恐縮した戸川さんはあこがれ通りのまっすぐな人。と、打ち解けた(!?)ところで本題。かつて雑誌『宝島』で戸川さんが連載されていた名企画で、２０２０年には自身のYouTubeチャンネルで再開された『戸川純の人生相談』にあやかり、二葉さんが最近抱く結構悩ましい愉快な相談を投げてみた。

母親への贈り物が激ムズ!

二葉　子どもの時に弟と二人でお金を出し合って、母の日に「花、プレゼントしょう」言うて、花買うて母親に渡したんです。それはきっとテレビかなんかで、母の日には花をプレゼントするもんや、いうのを見たか聞いてたからやったと思うんですけど。で、実際に花あげたら母親が「モノあげたらえぇと思ったら大間違いやぞ!」って(笑)。それ以来、母親にモノあげるのが怖いんですよね。めっちゃイカツいんです、うちの母親…。その時に母親が言いたかったのは、モノじゃなくて愛情くれ!みたいなことやったと思うんですけど。

戸川　お花なんて、いいものなのにねぇ?

二葉　そうですよね?弟とお金出し合って、ない中から。

戸川　だって紙に「愛」とか書いてさぁ、「これ」って渡したら「何やこれ!?」って。それはきっと捨てられちゃう。お花以上に、「愛」って書いた紙をもらってもお母様はあんまり…。だから、だからアレですよ!どうせ紙に「愛」と書いて捨てられるなら、同じ紙なら数字の並んだ…。

二葉　…はい。

戸川　ちょっと諭吉の顔がついて…。

二葉　あっ!なるほどなるほど(笑)。

戸川　あの、令和6年から渋沢栄一になりますが。…の、顔のついた紙を置い…。あの、大事なのは!「はい、これ」って面と向かって渡すと母のプライドが傷付く。うちの母親ってプライド高かったんですよ。で、プライド高いって嫌だな~と思って、私は逆に卑屈に育っちゃったんだけど。そういうのヤだと思って。母親は受け取れないわけですよ、お金を。だからモノを、洋服をね、私はプレゼントして。そうすると受け取ってたけど、着たところを見たことがない。それである日、父親に言われたんですよ。両親はその頃もぅ離婚してたけど、離婚してお互いのことすごい嫌いになってるのに、夫婦っていうのは不思議な。あの、私、結婚したことないからわかんないんですけど。なんか「お前、(母親に)モノをやってるそうだな」って電話で。「うん」って言ったら、「そんなんじゃなくてカネを置いていけ」って。「受け取らないのよ」って言ったら、「帰り際にわかんないように置いてくるんだよ!」って。「あいつはプライドが高いから、カネで私を納得させる気?みたいな態度を取るけど、本当はカネが欲しい。俺は、カネが嫌いな奴に会ったことがないぞ」と。それで私は封筒にある程度のお金を入れて、帰り際にスッと置いて帰ったりしてましたね。そしたらお母さんは素直に「ありがとう」と言ってくれました。

二葉　へぇ~!

戸川　だから、カネですよ!

二葉　アッハハハハ(笑)。

戸川　数字の書いてある、諭吉の紙ですよ。

二葉　わかりました!じゃあ、弟と出し合って。

戸川　あの、そっと置いていく。黙って置いていく。それがコツね。

二葉　はい!ありがとうございます、渡してみます(笑)。

一生、〝ちゃん付け〟ってどうすれば?

二葉　えっと、もぅ一個は、戸川純さんはみんなから「ジュンちゃん」と呼ばれたはるじゃないですか?私も失礼ながら、いつも「ジュンちゃん」って…。

戸川　あ、言っていただいてうれしいです。うれしい。

二葉　ほんまですか?昔から知ってくれてる人は「二葉ちゃん」と言ってくれますけど、最近は「二葉さん」って呼ばれたりするようになってきてて。あと、「師匠」付けられることもあったり。でも私それがね、嫌なんです。〝ちゃん付け〟へのあこがれがあって。年いっても〝ちゃん付け〟で呼ばれたいと思ってるんですけど、秘訣みたいなんありますか?

戸川　その質問は前もっていただいていたので、私、考えてねぇ。例えばですよ、例えば!私が考えたことを順番に言いますと…。まぁ、ある所に行き着くわけですけど、そこに行き着くにはいろいろ私も考えまして。ちょっとプロセスをたどっていきたいんですけど。じゃないと、そんな名前は嫌だ!ってなるから。えーっと、私は本名も「じゅんこ(順子)」って言うんですけど。だから「ジュンちゃん」と言われると、子どもの頃からの呼び名だから純粋にうれしいなって。なじみがあるから。近所のおばさんとか子どもたちにもほぼそう呼ばれてて、これでずっときちゃってるもんですから。それで、なんで私が「ジュンちゃん」と言われ続けているか?っていうと、やっぱり威厳というものがこれっぽっちもない、っていうことだと思うんですよ。たしかに着物着た時なんかは、みんな名前呼ばないんですね。「ジュンちゃん」とは呼べないのね、着物を着ると。だから二葉さんが…。あえて、今は「二葉ちゃん」と言います!二葉ちゃんが古典落語を披露なさっているところ、そのお姿はやっぱり師匠感があって、どうしても〝さん付け〟になる。なんかね、〝ちゃん〟と呼ばれることの大事さというのをある芸人さんが語っていて。その人はデビューの時から相方に自分の名前を〝ちゃん付け〟で言わせていて。世間で自分をちゃん付けで呼んでもらうためにそう考えたんだって。それは、まず、たけしさん(ビートたけし)だったら「タケちゃん」、さんまさん(明石家さんま)だったら「さんちゃん」、そういうふうに〝ちゃん付け〟で呼ばれる人の方がビッグになるって思ったんだって。でもね、タモリさんだったら「タモさん」と呼ばれたり、鶴瓶さん(笑福亭鶴瓶)だったら「つるべさん」とか〝さん付け〟で呼ばれる人もいる。さすがに〝ちゃん〟というキャラじゃないから。だって鶴瓶さんは映画『ディア・ドクター』とかでまじめな面もちゃんと見せてるじゃない?だから、〝ちゃん〟っぼくないんですよね。"ちゃん"じゃなくても人気のある方がいっぱいいると思うんだけど、まぁそうやってその人は自分をちゃん付けで呼んでもらおうとして、最初からネタで呼ばせたんだって。"ちゃん"と呼ばれる人には親しみを感じるっていう面もあるから。

二葉 そうですよね。

戸川 それで、考えたんですよ！"ちゃん付け"で呼ばれる方は「タケちゃん」「さんちゃん」、"さん付け"でも「タモさん」、鶴瓶さんの場合には、これはひどい呼び方だと私は思うけど「べぇさん」とか、ふ・ふ・ふ・ふん、っていう4文字みたいなイントネーションじゃないですか？その方が浸透しやすいと思うので、「にょうちゃん」と言うよりも「○○ちゃん」って2文字プラスちゃんにした方が良いと思って。一瞬、「にょちゃん」って考えたんですよ。だけど、あの、松本伊代ちゃんがいるから。

二葉 アッハハハハ（笑）。

戸川 「伊代ちゃん」っていまだに言われてますから。二葉ちゃんが東京に来てね、落語会やったりする場合に「にょちゃん」は難しいかな？って。それで上だけ取って、例えばミチコちゃんだったら「ミィちゃん」とかいうみたいにすると、二葉ちゃんは「にぃちゃん」になっちゃう。お兄ちゃん、あんちゃんみたいになっちゃうから。だからといって「よぅちゃん」って呼ぶと、真ん中をなんで取るの？みたいな感じだから。結局ね！もう名前から、ご自身の名前から外れて。まったく違う名前を、私、考えました。いくつか。まず、「ピーちゃん」。

二葉 あはははは（笑）。

戸川 まったく関係ない名前！それで、「ピーちゃんって本当の名前なんて言うんですか？」って聞かれた時に、「桂二葉です」って。すると「えぇ〜!!」みたいな感じでかえって覚えられるんじゃないか？と。ピーちゃん＝二葉、ピーちゃん＝二葉!?って。そういう作戦はどうかな？と考えたんですけど、いきなり「ピーちゃん」って言われると困っちゃうだろうから一応のプロセスを、私が考えたプロセスを話しました。

二葉 いや、めっちゃ、めっちゃうれしいです。

戸川 「ピーちゃん」でも「プーちゃん」でも。あの、ピー、プーはかわいいと思いますよ。ただ、ペー、パーはいるんです、東京に。林家ペーさんとパー子さん。でも、ピーとプーは空いてるから。

二葉 あはははは（笑）。

戸川 なんか、印象に残るのってパ行なんですよ。あの、ピンッ！とくる。やっぱり「よぅちゃん」とかいうよりも「ピーちゃん」という方が耳に残りやすいですよ。だから私は「ピーちゃん」をおすすめします（笑）。ただ、独演会とかなさる時に"ピーちゃんの"とか書くとちょっとアレだから…。その時は"桂二葉の"とか、"桂二葉ちゃんの"とか。でも、そうなると「あれ？ピーちゃんはどうしたの？」みたいになるから、"ピーちゃんこと"とか。なんか、うまい具合に表記して。ピーちゃんは二葉なんだ、二葉はピーちゃんなんだ、っていうことをね、浸透させたらいいんじゃないかな。ちなみに、うちの犬は「チェリー」っていう名前を付けたけど、「チーちゃん」ってみんな呼んでた。結局、そういうのが一番浸透しやすいですから。あの、もし「チーちゃん」がいいなら、どうぞ。

二葉 あはははは（笑）。

戸川 犬の名前はさすがにアレですけども。多分、二葉さんって「チーちゃんなの？」「えっ!?ピーちゃん？」とかギャップがあった方がね、ドンッ！と。実は、私は桂二葉なんです！米朝一門なんです！みたいな感じで、年をとるに従って威厳も保てるという。で、通称「ピーちゃん」。……は、どうでしょう？

二葉 ありがとうございます。こんな光栄なこと。本当にうれしいです。じゃあ、「ピーちゃん」でやらせてもらいます（笑）。

戸川 でも、経緯を言わないと。どっから湧いたんだ？っていうことになっちゃいますけどね。「なんでピーちゃんなんですか？」って聞かれた時には、「人にそういう感じがするって言われた」とか、「それを言うと2時間かかる」とか言っていただいて。嫌じゃない……ですよね？

二葉 いや、もぅ最高です。ありがとうございます。

戸川 （小声で呼びかけるように）ピーちゃん（笑）。

outro

「私は人生相談のエキスパートでもなんでもないので。しかも東京の人間で…。人を笑わせよう！みたいな気持ちがあんまりなく、ほっこりしていただければ、ぐらいのもんでやってきたものですから。もっと爆笑の渦みたいにできたら良かったんでしょうけど、すいません」。相談終了後、再び恐縮する戸川さんに「そんな！こんな日が来るとは思わなかったです。すごい…」と興奮する二葉さん。リュックから今度は戸川さんの著書を取り出し、「失礼なことばかりで…。サインをいただけませんでしょうか？」。快くペンを走らせてくださった本の扉には「ピーちゃんへ」の文字も。「めっちゃうれしい。ありがとうございます」と二葉さんは涙目で受け取った。

二葉さんの自宅玄関には桂米朝さんの写真と共に戸川純バンドのレコードが飾られている。

桂二葉本

2023年7月5日　初版発行
2024年10月20日　二刷発行

取材・文　村田恵里佳
写真　高橋正男（表紙・P2・8・33・75・111・116）
倉科直弘（P1・4・5・6・7・14・22〜32・52〜55・76〜83・86〜107・112・113）
松元絵里子（P44〜51）
イラスト　ヤマサキタツヤ（P66〜73・84・85・108〜110）
ヘアメイク　そのこ（表紙・P2・8・33・75・111・116）
松村妙子（P98・101）
着付け　吉村澄子（表紙）
デザイン　桶川真由子 Neki inc.
編集　水嶋領子
発行人　谷正典

発行　株式会社京阪神エルマガジン社
〒550-8575
大阪市西区江戸堀1-10-8
編集　☎06-6446-7716
販売　☎06-6446-7718
ホームページ　www.lmagazine.jp

印刷・製本　株式会社シナノパブリッシングプレス

©Katsura Niyo 2023, Printed japan
ISBN978-4-87435-705-7 C0076 ¥2273E

※ 乱丁・落丁本はお取り替えいたします。
※ 本書記事・写真・イラストの無断転用・複製を禁じます。
※ 本書に掲載された内容やデータは2023年5月1日現在のものです。